PLAIDOIRIE

ET RÉPLIQUE

DE

Me Mermilliod,

POUR LA

GAZETTE CONSTITUTIONNELLE DES CULTES,

PRONONCÉES DEVANT LE TRIBUNAL CORRECTIONNEL DE LA SEINE,

Dans ses Audiences des 26 *et* 28 *Mai* 1830.

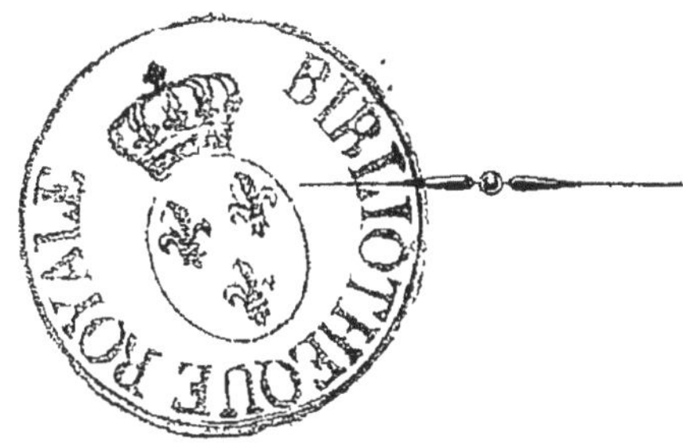

PARIS.

IMPRIMERIE DE PIHAN DELAFOREST (MORINVAL),

RUE DES BONS-ENFANS, N°. 34.

1830.

Pour répondre au vœu général et à l'engagement que nous avons pris envers nos abonnés, nous publions la Plaidoirie et la Réplique prononcées par Me Mermilliod, pour la défense de la *Gazette constitutionnelle des Cultes*.

En reproduisant avec étendue ces deux morceaux, dont les Journaux et notre Feuille même n'avaient pu offrir que des extraits, nous n'osons toutefois nous flatter d'avoir pu rendre constamment le mouvement, la forme et la couleur de l'audience, surtout à l'égard de la Réplique, toute d'improvisation, pour laquelle nous avons été réduits à nos souvenirs et à quelques notes rapides.

Cette Brochure se distribue au Bureau du Journal, rue des Bons-Enfans, No 34.

BRISSAUD,

Directeur-Gérant

De la *Gazette constitutionnelle des Cultes.*

PLAIDOIRIE

DE Me MERMILLIOD

POUR LA

Gazette constitutionnelle des Cultes.

Je ne me dissimule pas, Messieurs, les écueils de la défense qui m'est confiée. Obligé de parler de choses qui ont droit à mes respects, de corps qui ont droit à mes égards, je n'oublierai pas ce que les convenances et mon inclination m'imposent; mais je n'oublierai pas non plus que ces choses ont leur abus, ces corps leurs exceptions, et que l'intérêt de la défense me fait un devoir d'en parler avec franchise et fermeté. Au surplus, tous mes efforts tendront à rester dans une ligne de modération et de gravité digne de la cause; et s'il m'arrivait de la dépasser par hasard, vous daigneriez, Messieurs, faire la part des difficultés du procès et de l'entraînement de l'audience.

Avant de discuter en détail les quatre chefs de prévention sous lesquels le gérant de la *Gazette constitutionnelle des Cultes* est traduit devant vous, il convient de jeter un coup-d'œil sur les circonstances au milieu desquelles ce journal a pris naissance et se continue; sur le but dans lequel il fut conçu, sur l'homme qui fut choisi pour y présider, sur la marche et l'esprit de cette publication.

Vous le savez, Messieurs, le clergé, comme tous les

grands corps, a constamment renfermé dans son sein des hommes enflammés du désir d'accroître immodérément leur influence et leurs richesses. Lorsque, après les tempêtes de la révolution, Bonaparte réintégra le catholicisme en France, ces hommes, qui d'abord l'avaient salué comme le restaurateur de la religion et l'oint du Seigneur, ne tardèrent pas à se déclarer contre une puissance si incompatible avec l'extension de la leur, et le nouvel antechrist dut bientôt succomber sous les efforts combinés de tous ses ennemis. La restauration, ère d'espérance pour le clergé, devint le signal d'une croisade générale contre l'état de choses fondé par la révolution et consacré par la Charte. Des excès dont le Midi n'a pas perdu la mémoire signalèrent les premiers triomphes d'un parti fanatique et altéré de vengeances.

Bientôt, il est vrai, la fermeté du roi législateur vint mettre un terme à ces audacieuses prétentions. L'inviolabilité des ventes des biens ecclésiastiques fut de nouveau et énergiquement proclamée. Dès lors il fallut chercher dans une autre marche les moyens de reconstruire le vieil édifice. C'est à cette époque que se produisirent peu à peu au grand jour, des hommes que l'ancienne monarchie avait repoussés, et dont l'existence légale avait paru aux rois et au souverain pontife même inconciliable avec la sécurité des Etats. Avec ces hommes, que l'on peut regarder comme la personnification de l'ultramontanisme, surgirent en France les missions, les congrégations, les confréries, enfin toutes les pratiques et intrigues politico-religieuses qu'un écrivain loyal et courageux dénonça avec tant de persévérance, et dont le but systématique est aujourd'hui patent et irrécusable.

Une vaste ligue s'était ourdie dans le silence. Un prosélytisme habile avait recruté des adeptes dans toutes les classes de la société : à l'armée, dans les salons et les boudoirs, au sein des administrations, dans les ateliers et jusque dans les antichambres. La faction faisait servir à ses fins tous les mobiles : religion, crainte, ambition, intérêts mondains. Par l'enseignement dont on commençait à s'emparer sans bruit, elle était assurée de renouveler et compléter sans cesse les cadres de cette milice où figuraient pêle-mêle incrédules, niais, hypocrites, dévots, et où la ferveur du dévoûment faisait passer sur toutes choses.

Pendant ce temps, la France était sillonnée par des missions dont les dispendieuses plantations de croix n'étaient pas la seule fin, et qui, repoussées par les vœux des autorités et des clergés locaux, avaient pour objet de fanatiser les populations et de nouer sur toute l'étendue du territoire les anneaux de la chaîne qu'une seule commotion devait tendre instantanément.

D'autre part la liberté religieuse, proclamée par l'art. 5 de la Charte, devenait dans la pratique un vain mot. On éludait les demandes d'autorisations formées par les sectateurs des cultes dissidens; on exigeait pour les charges et les emplois des attestations de curés; on destituait ou on notait les citoyens peu assidus aux églises ou réfractaires à la congrégation; on comprimait par mille moyens l'exercice du droit d'examen. Un jeune clergé, dont M. Frayssinous lui-même déplorait à la tribune l'inexpérience, l'emportement et les fautes répétées, portait au sein des campagnes un esprit fanatique et chagrin. Des abus sans cesse renaissans, des refus de sacremens scandaleux, des violences portées jusqu'au délit, des prédications séditieuses, révélaient une influence instigatrice et menaçante, sous laquelle la France devait se courber ou se révolter. De soi-disant miracles, dont le ridicule faisait même reculer la cour de Rome, étaient invoqués comme des signes célestes auprès des ignorans et des bigotes. Une multitude de petits livres, aussi absurdes par leur style que dangereux par leur but, farcis de préceptes coupables, de prophéties alarmantes, d'outrageuses diatribes contre nos institutions et leurs plus illustres défenseurs, étaient répandus à pleines mains dans les provinces pour pervertir l'opinion des classes peu éclairées et les empoisonner sous le titre de contre-poisons. Les captations, les manœuvres de tout genre étaient employées pour dépouiller les familles au profit du clergé, et arracher aux mourans des dons qui, l'année dernière, se sont élevés à 4,268,000 fr., et qui, depuis 1824 seulement, ont atteint le chiffre énorme de 25,018,984 fr.

Ces premiers jalons ainsi disposés, le parti, appuyé par des intérêts de cour et des spéculations de coteries, avait jugé qu'il était temps de faire jouer ses plus importans ressorts. Faufilé dans les hautes régions, il n'avait pas tardé à y révéler sa présence par le trouble que ses tentatives d'intervention jetaient déjà dans la machine politique. C'est à cette faction que nous devons, en effet, les perturbations qui se sont manifestées depuis 1820, perturbations nées de la lutte des intérêts de sacristie avec les intérêts monarchiques et nationaux. Ses intrigues ont fait bien du mal à la France. Dieu veuille qu'elles ne comblent pas la mesure !

Tel était l'état progressif des choses depuis 1815, état intolérable dans les petites localités, parce que l'action y est continue, le contact immédiat et inévitable, l'influence incessamment ressentie. Mais bien peu d'hommes étaient assez clairvoyans pour y apercevoir autre chose que des faits isolés, et on en prenait, tant bien que mal, son parti, attendant le mieux du temps ou d'un déplacement. Dans la capitale, l'insouciance était encore plus complète; car si c'est là qu'est le foyer de toutes les menées, si l'action y est plus puissante et plus intense, elle y est aussi moins sensible aux individus. Qu'importe à un Parisien que le curé de sa paroisse soit tracassier et intolérant, s'il lui est loisible de passer sa vie sans le rencontrer, sans connaître sa figure, ni savoir même son nom? Que lui importe l'acharnement du clergé contre les plaisirs les plus licites, s'il peut, sans contrôle, faire grasse chère, se montrer à dix spectacles et danser au bal de *l'Opéra*? Certes, il est facile alors de nier les prétentions du parti-prêtre, et le parti-prêtre lui-même; il est facile surtout de se retrancher dans un dédain philosophique, et de dire : « Laissez-les faire, et ne vous occupez « pas d'eux; ils vous refusent des prières et des sacremens, « eh bien! ne leur en demandez pas, et, croyez-nous, vous « les mystifierez bien. »

Je ne sais si on a voulu, en effet, les mystifier, ou si ce n'a pas été plutôt pour échapper à leurs vexations; mais bien des honnêtes gens ont, en gémissant, cru devoir s'abstenir, eux et leurs familles, de la fréquentation des églises, des pratiques extérieures du culte, de l'approche des sacremens; d'autres ont été jusqu'à chercher un refuge dans des cultes plus tolérans. Ainsi les excès de quelques membres d'un corps vénérable ont compromis la religion, en ont rendu l'exercice redoutable, en ont éloigné une foule de chrétiens.

C'est contre les divers périls nés des entreprises audacieuses des uns, de l'indifférence ou du découragement des autres; c'est contre ces périls menaçans à la fois pour la religion, pour le trône, pour la nation, que plusieurs hommes honorables, de carrières diverses, et dont quelques-uns occupent une haute position sociale, conçurent le projet d'élever une barrière par la création d'un journal spécialement destiné à éclairer cette partie de nos plus chers intérêts, et à signaler et combattre tous les abus, toutes les déviations de doctrine, de discipline et de pratique des diverses religions.

Loin de vouloir tout détruire sans rien édifier, comme le prétend l'accusation, loin de s'être mise en dehors de toute base religieuse, la *Gazette constitutionnelle des Cultes* s'est toujours placée sur le terrain du christianisme; elle tend à ramener les institutions religieuses à leurs doctrines et à leurs formes primitives, à celles qui ont conquis le monde et dont le relâchement a été si funeste. Royalistes constitutionnels sincères, les fondateurs de cette feuille voulurent aussi qu'elle s'appuyât au trône, et que le nom du roi fût, en même temps que les principes de la liberté religieuse, l'invocation constante du journal.

Il ne faut donc pas juger de son importance par son format; car ce n'était pas un aliment pour les salons, pour les femmes, pour les oisifs et les esprits superficiels, qu'on avait eu la pensée d'ajouter aux autres productions de la presse périodique. C'était un recueil adressé aux hommes graves et consciencieusement occupés des intérêts publics, dont la religion n'est pas le moindre. Aussi, indépendamment des faits, indépendamment de la discussion doctrinale, une polémique forte et active devait éclairer l'opinion sur toutes les questions religieuses d'application politique.

Les fondateurs jetèrent les yeux, pour présider à cette œuvre de patriotisme et de raison, sur un homme de consistance et d'instruction, dont la position et le caractère fussent à la fois une garantie pour l'entreprise et pour le public, sur un homme que ses sentimens monarchiques, non moins que ses opinions constitutionnelles pour lesquelles il avait souffert et encouru des persécutions, semblaient offrir au choix le plus difficile. M. Brissaud s'est dévoué tout entier à l'accomplissement de la pensée créatrice; secondé par des rédacteurs d'études et de talens variés, il a fait de la *Gazette constitutionnelle des Cultes* une sentinelle avancée de la liberté religieuse, un digne et nouveau soutien des organes de l'opinion et des défenseurs des intérêts royalistes constitutionnels. Tel a été son esprit, telle a été sa marche constante jusqu'à ce jour. On prétendrait donc en vain que la *Gazette constitutionnelle des Cultes* a été dirigée par des intentions méchantes et hostiles, qu'elle a recherché le scandale, qu'elle a spéculé sur un procès comme sur un moyen de vogue et un appât à la curiosité.

Spéculer sur un procès! Quoi! un homme tel que celui qui est devant vous, jouissant d'une position acquise, d'une considération méritée, attaché aux douceurs de la liberté par les liens de fortune, de famille et de société, oserait, en présence d'une législation rigoureuse, et dont on sait encore centupler les rigueurs, se jouer avec les chances d'une condamnation d'autant plus grave qu'elle aurait été provoquée. Il y a quelques années peut-être, un éditeur responsable, un homme de paille, bouc émissaire de la presse périodique, partie intégrante du mobilier d'un journal, être voué, par contrat de louage, à toutes les conséquences d'écrits auxquels il n'avait aucune part, qu'il ne connaissait point, que souvent peut-être il n'aurait pas su lire, un tel homme pouvait se complaire à l'idée d'échanger son réduit contre un cachot, dans la perspective du supplément de gages assuré dans ce cas par les conditions de son marché. Mais aujourd'hui il n'en est plus de la sorte : la loi de 1828 a brisé ces mannequins offerts aux coups de la justice; aujourd'hui ce sont des hommes dont la fortune est doublement engagée dans la publication à laquelle ils président réellement, qui viennent répondre devant vous des pensées qui leur appartiennent ou qu'ils se sont appropriées en les approuvant.

Si donc un de ces hommes, qui s'honorent du nom de journalistes, élève une voix courageuse et indépendante, au risque d'ameuter contre lui les haines et les passions furieuses des partis, ce n'est point pour braver les lois et les Tribunaux (ce serait un acte de démence), c'est parce qu'il a senti bouillonner son sang d'honnête homme et de mâle citoyen ; c'est parce qu'il a cru voir le génie de la patrie implorant le secours de ses enfans contre une faction acharnée à la ruine des institutions, des franchises et des libertés nationales ; c'est parce qu'il n'a pu résister à l'élan de sa conscience, et qu'ému par l'imminence du danger, il a crié comme d'Assas : *A moi! voici les ennemis!* »

Tels sont les motifs, tels sont les sentimens qui nous ont mis la plume à la main ; tels sont les *crimes* qui nous amènent devant vous.

Maintenant, Messieurs, que vous pouvez bien apprécier les circonstances dans lesquelles le journal a paru, son but et son esprit, il me sera plus facile de réfuter les inductions que le ministère public a prétendu tirer de quelques articles, et de détruire les chefs successifs de prévention.

Et d'abord, s'il en est un que j'aie hâte d'effacer, c'est celui relatif à la personne du Roi qu'on nous accuse d'avoir offensée. Certes, Messieurs, si l'apparence était contre nous, jamais intention n'aurait été plus différente.

Uniquement voués à la défense des libertés religieuses, n'ayant institué le combat que contre les envahissemens d'un parti que nous estimons aussi ennemi du trône qu'il veut dominer, que de la religion qu'il exploite et dénature, loin de penser à outrager le monarque, c'est au contraire en lui que nous avons publiquement fondé notre espoir, pour voir mettre un frein puissant et prompt à de coupables machinations. Jamais notre polémique eut-elle un caractère d'hostilité au trône ? Le nom des membres de la famille royale fut-il par nous prononcé autrement qu'escorté d'éloges et de témoignages de reconnaissance ? Aussi c'est avec une véritable indignation que M. Brissaud a vu travestir sa pensée et transformer en crime une innocente allusion.

Sans doute la *Gazette constitutionnelle des Cultes* pourrait se retrancher dans un système, dont la couleur serait fort plausible; elle pourrait opposer que l'apologue intitulé : *Jeu politique d'un autre hémisphère*, n'a, comme la plupart des fables, aucune application de circonstance, qu'il s'applique dans sa généralité aux rois passés et à venir, aussi bien qu'aux rois de l'époque actuelle, et aux souverains de la Belgique et de l'Angleterre aussi bien qu'au souverain de la France; enfin, que La Fontaine est à la fois son exemple et sa justification. Mais il ne nous convient pas, Messieurs, de nous défendre de la sorte. Notre marche sera plus franche et plus loyale. C'est d'ailleurs auprès de vous le plus sûr moyen de triompher.

Oui, et je suis autorisé à vous le déclarer, c'est, non pas au roi, mais au système gouvernemental de la France, que l'apologue fait allusion. Que le ministère public prenne acte de notre aveu, j'y consens; mais fait-il que nous soyons coupables? en un mot, cette allusion est-elle criminelle? C'est ce que vous ne pourrez croire, lorsque vous relirez l'apologue avec attention.

En effet, les premiers vers sont un hommage aux vertus et aux qualités affables du prince; si les autres renfermaient une offense, ils impliqueraient donc avec ceux-ci une absurde contradiction. Mais M. l'avocat du Roi insiste sur ce vers où le monarque :

« Joue aux cartes, dit-on, les libertés publiques. »

Messieurs, je supplie qu'on ne sépare pas ce vers de ceux qui le suivent immédiatement, et où l'auteur représente *maint joueur national* défendant la partie *contre le joueur royal.*

Que veulent dire ces vers? Ils peignent, sous l'allégorie d'un jeu de cartes, le mécanisme du gouvernement représentatif. Ils résument ce qui est de l'essence de ce mode de gouvernement, formé de pouvoirs distincts et combinés, qui, chacun, sont censés et doivent effectivement tirer le plus possible à eux. N'est-il pas vrai, Messieurs, que ce système politique est véritablement un jeu savant, un jeu de combinaisons transcendantes, et que ses divers pouvoirs nous donnent l'idée de joueurs, cherchant à conserver leur mise, et même à l'augmenter. Si le pouvoir qui représente les intérêts démocratiques cherche à faire prévaloir et gagner ces intérêts, ne convient-il pas, n'est-il pas nécessaire, pour l'équilibre des forces, que l'autre pouvoir, qui représente les intérêts monarchiques, cherche à faire triompher ceux-ci, et, comme on le dit vulgairement, dame s'il le peut le pion à son rival; chacun use de son droit et pourvoit à son avantage. C'est dans cette lutte perpétuelle, dans ce jeu grave et profond, que consiste le mécanisme des gouvernemens représentatifs, où les forces sont sans cesse aux prises, cèdent tour-à-tour et se balancent, suivant l'habileté respective des deux partis.

Ce ne serait donc pas une censure, encore moins une offense à la royauté, que de l'avoir représentée jalouse d'augmenter son enjeu, heureuse dans ses efforts, et ayant l'avantage sur ses adversaires, car il n'y aurait rien que de constitutionnel et de loyal dans les procédés du prince. L'outrage ne serait certes pas dans quelques petits traits malins sur les tribulations des sujets en général, traits imités de notre immortel fabuliste, que, pourtant, on ne s'avisa jamais de traduire en police correctionnelle, pour avoir fait dire par un flatteur à un prince, en parlant de ses sujets : *vous leur fîtes, seigneur, en les croquant, beaucoup d'honneur*, ou pour avoir mis dans la bouche de l'âne, cette phrase révolutionnaire : *notre ennemi, c'est notre maître, je vous le dis en bon Français.*

On ne tournera pas, sans doute, en offense au Roi les vers qui suivent et qui n'ont pour but que de flétrir les flatteurs, les courtisans, les méchans conseillers, les fanfarons de coups d'état, et ceux qui, plus habiles et plus pervers, mais également dangereux pour la monarchie, insinuent le besoin de recourir à la tricherie, c'est-à-dire aux fraudes du genre de celles qui ont signalé certain ministère passé, et au système que nos Chambres et les honnêtes gens ont stygmatisé du nom de *déplorable.*

Certes, présenter de tels hommes comme obsédant le prince, comme cherchant à l'animer contre la nation, pour satisfaire leurs ambitions ou les intérêts de quelques coteries, au risque même de la ruine du trône, ce serait peindre la vérité sous les traits de l'allégorie, mais ce ne serait point outrager le prince, puisque si l'on dit que jamais les sujets n'ont transgressé les lois du jeu, le monarque est également représenté comme jouant fort bien et avec bonheur, tout en observant scrupuleusement les mêmes règles. Sa loyauté n'est donc pas mise un instant en doute, et le trait tombe et s'arrête sur les conseillers perfides qui essaient en vain de lui inspirer une autre marche.

Que MM. de Polignac et de Peyronnet voient, dans cet apologue, une maligne allusion à leurs velléités de coups d'état, à leurs idées de pouvoir constituant et de cours prévotales ; que M. de Villèle y voie une satire de ses manœuvres électorales : peut-être! Mais le Roi.... Ah, Messieurs! j'aurais honte d'appuyer plus long-temps sur une si absurde accusation.

S'il fallait vous donner une nouvelle preuve de l'inconséquence avec laquelle cette accusation a été conçue, je la trouverais précisément dans le second grief même d'où on prétend l'induire, dans cette fable intitulée : *la Charte du Kamtschatka.* En vérité, on serait en droit de croire que ceux qui nous suscitent cette poursuite n'ont jamais lu La Fontaine : car autrement ils y eussent vu nombre de fables où le lion, toujours pris comme symbole de la royauté, est représenté attirant ses sujets dans le piége, par des promesses d'immunité ou d'amnistie, et les dévorant sans scrupule; il suffirait de citer, entr'autres, *la Cour du Lion*, et *le Lion Malade.* Certes, avec le système d'interprétation du ministère public, je ne répondrais pas qu'il fût sans danger pour la *Gazette constitutionnelle des Cultes* d'avoir imprimé ces deux fables dans ses colonnes, car, pour peu qu'on oubliât ou qu'on ne sût pas leur date, on pourrait fort bien y découvrir une impertinente allusion à l'époque actuelle et à S. M. Charles X, attendu qu'il y est question de *députés* et de *Louvre :*

« Il (le lion) manda donc par députés
« Ses vassaux de toute nature.

. . . .

« En son Louvre il les invita ;
« Quel Louvre ! un vrai charnier..... »

Jugez par cela, Messieurs, quel cas on doit faire de toutes ces argumentations subtiles, à l'aide desquelles on crée à volonté des délits imaginaires, et qui rappellent ces mots de Sartines : « donnez-moi dix lignes du premier venu, et je me fais fort d'y trouver de quoi le faire pendre. »

Comment reconnaître une allusion coupable dans des vers où un animal féroce est représenté entouré de carnage et de victimes immolées au mépris de ses promesses ? N'est-ce pas vraiment le ministère public qui offense le Roi, en cherchant une ressemblance entre cette peinture et les traits d'un prince qui n'a jamais violé ses sermens, ni donné lieu de penser qu'il pût les violer, et dont le caractère fait un contraste si frappant avec celui qu'on prête ici au Roi des forêts ? Je concevrais la possibilité de l'application, si une telle fable était publiée en certain royaume voisin, où l'allusion pourrait paraître vraie et sanglante; mais, grâce au Ciel, rien que je sache ne la justifie parmi nous.

Aussi, disons-le, ce chef de prévention, si étrange que je m'étonne de ne le pas voir déjà abandonné par l'impartialité du ministère public, n'a été qu'un moyen habile, saisi par les hommes qui ont suggéré les poursuites, pour placer leur ressentiment sous le couvert d'un nom révéré, et animer contre nous par la supposition d'un attentat que tous les cœurs détestent.

Mais leur espoir sera déçu; le tribunal ne se trompera pas à cette généreuse indignation qui nous révolte contre la pensée d'un tel délit, que repoussent l'esprit du journal et les antécédens de M. Brissaud.

Maintenant que nous avons écarté ce premier et injuste reproche, passons à la discussion d'un autre chef : celui *d'outrage envers M. l'archevêque de Paris, à raison de ses fonctions*.

Les deux griefs sur lesquels repose la prévention en ce qui le concerne, sont : 1° un dialogue entre un archevêque et un marchand de reliques; 2° le compte rendu de la translation des reliques de Vincent de Paul.

Avant d'examiner en détail le contenu de ces articles, je dois faire connaître dans quel esprit et dans quel but la *Gazette constitutionnelle des Cultes* s'est livrée, envers M. de Quélen, à des critiques qu'on pourrait, sans cela, regarder comme d'hostiles personnalités; il en sortira la révélation de quelques faits singuliers, que bien des personnes ignorent probablement. Ce n'est pas sans regret, Messieurs, que je me vois forcé d'entamer ce sujet : il me coûte d'avoir à proclamer dans cette enceinte les reproches qu'a pu encourir un prélat, à l'égard duquel je suis personnellement bien désintéressé, et dont je puis dire comme l'historien romain : *Nec beneficiis nec injuriâ cognitus.* Mais les devoirs de la défense et la nécessité de justifier mon client ne me permettent pas de blâmables ménagemens. Je continuerai de dire la vérité, mais comme je l'ai toujours fait, sans fiel et sans passion.

Depuis plusieurs mois, s'annonçait la triomphale translation des restes de Vincent de Paul. Il y a trois ans, une châsse d'une magnificence inouïe avait été exposée au Louvre parmi les merveilles de l'industrie, comme devant contenir les reliques du saint. Malgré les dons de la piété royale et d'un certain nombre de fidèles, ce pompeux travail, d'une valeur de 60,000 fr., était à peine à demi-payé. Des appels de tout genre et réitérés à la charité publique, singulièrement détournée de son véritable objet, durent donc être tentés, et tout fut mis en usage pour arriver à combler le déficit existant. Prônes, affiches, mandemens, exhortations personnelles, verbales et écrites, de la part de l'archevêque même, eurent pour but ce résultat, et on fit valoir tour à tour les indulgences au bénéfice des reliques, et les reliques au profit des indulgences. Déjà M. de Quélen, qui, pour l'avantage de ses grands et petits séminaires, et dans l'intérêt des congrégations de tout genre qu'il a instituées, avait remis en honneur les indulgences dont la cour de Rome a fait un si grand abus et un si scandaleux trafic, M. de Quélen, dis-je, en cette circonstance, publia qu'il en avait reçu de Léon XII, pour cette cérémonie, une large provision, et que tout récemment Pie VIII avait ravivé dans ses mains ce trésor ineffable. Ces indulgences devaient s'acquérir soit en assistant à la translation des reliques, soit en allant prier sur la châsse pendant la neuvaine, à raison de 300 jours d'indulgences par chaque visite aux reliques.

La *Gazette constitutionnelle des Cultes*, appuyée de l'autorité des théologiens les plus célèbres, et mue par le désir de ramener à des principes plus sains et plus conformes à l'esprit de la religion chrétienne, crut devoir critiquer avec éclat des procédés qui tendaient à faire revivre les abus auxquels le catholicisme a dû ses déchiremens et ses plaies les plus funestes au 16e siècle.

En effet, et en ce qui touche les reliques, il est bien vrai qu'aux premiers siècles de l'ère chrétienne, on professait un certain respect pour les corps des martyrs; mais il faut remarquer d'abord qu'il ne s'appliquait qu'aux restes des *confesseurs de la foi*, et non de ceux qui étaient morts tranquillement dans leur lit, comme Vincent de Paul; en second lieu, que cela avait pour but d'électriser les chrétiens et de les encourager au milieu des persécutions. Plus tard, l'exagération s'en mêla; on en vint à rendre à ces restes un culte approchant du culte divin; par une idolâtrie imitée du paganisme, on leur dressa des autels, et de prétendus miracles furent invoqués, pour augmenter la réputation des châsses, et attirer les pélerinages et les offrandes dans les chapelles et monastères qui possédaient leurs ossemens. Bientôt, et grâce aux mines inépuisables que les catacombes d'Italie offraient en ce genre, on vit s'établir un scandaleux trafic de reliques vraies ou fausses, et plusieurs églises à-la-fois présenter à la vénération des fidèles les restes d'un même saint, comme on voit, dans les galeries d'art, un tableau original possédé en même temps par des amateurs différens.

Il est facile de concevoir combien cette dévotion dut être

déconsidérée par de semblables manœuvres; aussi, sans parler de Calvin, qui dans son *Traité des reliques*, l'attaqua avec succès, ni des autres écrivains de la réforme ou des auteurs profanes qui en dénoncèrent les abus; sans citer ici le nom de tous les théologiens qui se sont prononcés contre ce culte, je me contenterai d'invoquer l'autorité du docte et judicieux abbé Fleury, qui, dans son troisième discours sur l'histoire ecclésiastique, s'exprime en ces termes : « Ce fut « l'occasion de bien des impostures. On les multiplia d'une « manière ridicule; on leur attribua de nombreux miracles, « dans la vue d'attirer des offrandes et d'enrichir les villes « et les églises. Les croisades mirent le comble à ce débor- « dement des reliques. . . . On peut dire, sans hésiter, que « l'effet le plus incontestable des croisades, a été *l'envahis-* « *sement de l'Occident par les superstitions et les fraudes* « *pieuses de l'Orient.* »

Après cela, n'est-il pas étrange d'entendre le ministère public soutenir que le culte des reliques fait partie des dogmes de la religion catholique, et ressusciter ainsi la doctrine de l'infaillibilité des papes, puisque c'est supposer que les canonisations sont des articles de foi ? Je ne crains pas de le dire, Messieurs, jamais, devant le parlement, on n'eût osé tenir ce langage, qui tend à introduire l'ultramontanisme jusques dans les décisions de la magistrature.

Non, les canonisations ne sont point articles de foi, et à part le peu d'authenticité qui, le plus souvent, s'attache aux restes que l'on expose, rien ne fait une loi de porter respect à des Saints improvisés par suite d'intrigues ou à prix d'argent, dont quelquefois la mémoire est plus odieuse que vénérable, et dont le culte a inspiré à un père même de l'église, à S. Augustin, ce mot piquant : *quanti cremantur in inferis qui glorificantur in terris !*

Cependant M. l'archevêque de Paris a, en diverses circonstances, affiché pour les reliques un zèle que l'on pourrait traiter d'engouement. Déjà il s'était signalé par les translations successives des reliques de S. Denis, de Ste. Geneviève, de la *Passion de Jésus-Christ*. Le peu d'authenticité des restes solennisés, les particularités qui se rattachèrent à ces divers actes, l'importance que le prélat y mettait néanmoins, et le soin qu'il prit d'en consacrer le souvenir par des légendes à sa gloire, dont il ne manquait pas d'enrichir, à ces occasions, le bréviaire de Paris; tout cela avait suscité précédemment d'assez vives critiques, lorsque le fracas de sa dernière translation est venu s'y joindre. Pour les hommes instruits en ces matières, ce devait être en effet un juste sujet de blâme que cet oubli, par un archevêque, des prescriptions de l'Eglise même, qui défend de porter les reliques en procession sur un long développement de terrain, et à l'heure des offices, pour ne pas fatiguer la piété, prêter aux railleries, et occasionner la désertion des paroisses : *Nunquam reliquiæ vel imagines in processionibus deferantur tam longi itineris circuitu, ut aut populi devotio languescat, aut insolentiis occasio præbeatur* (Concile de Malines, 1570). *Ne, occasione reliquiarum, populus, desertâ ecclesiâ suâ parochiali, ad oratoria particularia alliciatur* (Van Espen, Jus. eccles. univ. pars, sect. 2).

Indépendamment de ces infractions aux lois canoniques, M. de Quélen s'était fait remarquer par la prodigieuse quantité d'indulgences qui avaient accompagné et suivi les exhibitions et translations précédentes. On a vu quelle en a été la profusion à l'occasion de la dernière solennité. Un court historique des indulgences montrera quelles peuvent être les conséquences d'un tel abus :

Aux premiers temps de l'Eglise, on infligeait souvent

aux pécheurs des pénitences publiques, longues et rigoureuses. Mais il arrivait aussi de les abréger, en faveur de la sincérité du repentir; de là, le mot *indulgence*. Plus tard les papes, dans leur marche envahissante, s'emparèrent de ce privilége des évêques, et par une déviation immanquable, les indulgences devinrent bientôt générales, de spéciales et personnelles qu'elles étaient d'abord. L'occasion première de cette usurpation fut dans les croisades. La construction de la basilique de S. Pierre devint pour Léon X, au 16e siècle, un nouveau sujet de les exploiter. On sait que ce pape en avait mis la distribution en ferme, et qu'on en tenait débit public jusque dans les cabarets de l'Allemagne; on sait aussi comment les Augustins, furieux de voir entre les mains des Dominicains le monopole de ce commerce, chargèrent Luther de prêcher contre les indulgences; on sait enfin ce qui s'en est suivi, et comment ç'a été le principe de cette grande révolution religieuse connue sous le nom de la Réforme.

Il est facile de concevoir quels peuvent être les détestables effets de ces indulgences, dont l'ignorance et la cupidité ont dénaturé l'objet, et qui, au lieu d'être reçues pour une immunité des peines canoniques, ont été et sont encore trop généralement considérées comme un dégrèvement anticipé des châtimens de l'autre monde. Quels dangers même pour la morale et la société n'offrent-elles pas, lorsqu'elles sont, non seulement distribuées et jetées à pleine main, mais encore tarifées officiellement et vendues à deniers comptans! Parcourez, Messieurs, ce livre curieux autant que rare, dont Bayle et les auteurs les plus respectables nous attestent l'authenticité, avouée d'ailleurs par la cour de Rome, ce livre, publié jadis sous ses auspices et de son autorité, sous le titre originaire de TAXE DE LA CHANCELLERIE ROMAINE, et dont le contenu monstrueux ne justifie que trop le titre ajouté en 1744 à l'édition que je tiens : *ou* BANQUE DU PAPE, *au moyen de laquelle l'absolution des crimes les plus énormes se donne pour de l'argent.* En réfléchissant à cette horrible simonie qui ne distingue le plus grand attentat du plus mince péché véniel que par le prix coté pour la remise de l'un et de l'autre, et ne met de différence entre les victimes que celle d'ecclésiastique ou de laïque, on s'effraie de l'encouragement qu'elle a dû fournir au vice et à la scélératesse. Encore, si ces abus de toutes sortes dont les indulgences ont été l'objet, si la superstition grossière qu'on entretient au profit de ces absolutions vénales ou prodiguées, étaient confinés en Espagne et en Italie! Si la France en était désormais exempte! Mais non! La congrégation les importe avec empressement dans nos provinces; c'est-là son industrialisme. Qui croirait, par exemple, qu'au 19e siècle et chez nous, *cent ans d'indulgences sont assurés à quiconque baisera trois fois ce petit papier en forme de semelle*, que je tiens à la main, *et dira sur lui un ave maria?* C'est pourtant ce que je lis imprimé en toutes lettres sur cette empreinte, figurant *la juste mesure du pied de la Sainte-Vierge, tirée d'un de ses* SOULIERS *qui se conserve dans le monastère des religieuses de Sarragosse*. Après cela, peut-on s'étonner que des docteurs de l'Eglise, parmi lesquels je citerai même le jésuite Véron, aient censuré avec amertume des pratiques si souvent ridicules et mensongères, et peut-on s'offenser que la *Gazette constitutionnelle des Cultes* se soit appuyée de leur sentiment, pour critiquer la prodigalité que M. l'archevêque de Paris faisait de ces trésors de l'Eglise?

Il n'y a donc point de délit dans les reproches et les allusions auxquels elle a pu se livrer sur la passion peu éclairée et peu orthodoxe du prélat pour les reliques, et sur des profusions d'indulgences, dont le but n'était pas assez, peut-être, dégagé d'une question d'argent.

Mais des motifs de blâme plus graves encore préoccupaient aussi dans cette circonstance l'écrivain : c'était l'esprit des actes qui ont préparé et constitué la cérémonie du 25 avril, esprit contraire aux franchises et intérêts du royaume, et déjà révélé aux yeux de bien des gens par une série de faits entachés d'ultramontanisme, parmi lesquels je me bornerai à citer les deux traits suivans, parce qu'ils sont peu connus : Lors de la canonisation de S. Ignace, les jésuites de France se remuèrent activement pour le faire placer au calendrier; quoique tous les rangs fussent déjà occupés, un tel obstacle n'était point de nature à arrêter les bons pères; au moyen d'un petit déplacement subreptice du bienheureux S. Germain, on vit la fête de Loyola indiquée au 31 juillet. Grande rumeur du clergé et de tous ceux qu'inquiètaient les prétentions ultramontaines. Le parlement évoque l'affaire et ordonne la suppression de l'édition nouvelle. Bref, il est décidé que S. Germain sera remis en possession de ses honneurs, et que, le jour de sa fête, commémoraison seulement sera faite de S. Ignace. Les choses étaient restées en cet état, lorsque dans le nouveau *Bréviaire Parisien*, publié en 1822, par M. de Quélen, on a vu avec surprise l'office de S. Germain, jusqu'alors du rit double majeur, diminué d'un degré (double mineur), et une fête particulière de S. Ignace instituée au 30 juillet.

C'est ainsi encore que M. l'archevêque de Paris s'est empressé de placer dans le bréviaire de son diocèse la légende et l'office de S. Hildebrand, de ce Grégoire VII, dont les attentats sur la puissance temporelle sont assez connus, et contre la canonisation duquel la magistrature et le clergé français avaient jadis protesté avec tant d'énergie.

Vous allez retrouver, Messieurs, le même esprit dans la conception et dans l'accomplissement de la cérémonie du 25 avril. En effet, Vincent de Paul, que les jansénistes n'appellent encore que *M. Vincent*; Vincent de Paul, dont j'admire les œuvres et les établissemens pleins d'une ardente charité, a été, je dois le dire, un des plus chauds partisans de l'infaillibilité des papes, et surtout l'un des plus fervens soutiens de la compagnie de Jésus, sur les statuts de laquelle il calqua, de son propre aveu, les règles de la congrégation des Lazaristes. Son dévoûment pour les jésuites était tel, qu'il lui inspira, au dire d'Abelly, l'un de ses panégyristes, les paroles suivantes : « Nous devons nous considérer comme les porte-« sacs de ces dignes ouvriers, comme de *pauvres idiots* qui « ne savons rien dire, comme de pauvres petits glaneurs « qui venons après *ces grands moissonneurs.* »

On comprend qu'un homme aussi entiché des jésuites n'ait pas su se soustraire tout-à-fait au souffle de l'esprit qui les agitait et qui les rendit toujours intolérans, persécuteurs et ennemis acharnés des jansénistes. Il est donc moins étrange, quoique cela renverse tout ce que nous eussions cru de son caractère, qu'il ait mérité d'être cité avec éloge dans la bulle de sa canonisation pour une conduite que nous trouvons, nous, bien contraire à la véritable charité. « Persuadé (est-« il dit dans cette bulle) que c'est une grande partie de la « piété de découvrir les retraites des impies, et que c'est « faire la guerre au démon même, que de la faire à ceux « qui combattent pour lui, Vincent usa de cette liberté apos-« tolique qui convient à un serviteur de Dieu, quand il s'a-« git des intérêts de la foi ; il remontra souvent au roi, à la « reine et aux ministres (Richelieu et Mazarin), qu'il fal-« lait, par de justes châtimens, porter les réfractaires à se « soumettre, et chasser du royaume, comme des pestes pu-« bliques, ceux qui s'obstineraient dans leurs erreurs ; que la

« rigueur du prince devait ainsi venir à l'appui de la béni- « gnité de l'Eglise ; qu'il était du devoir des rois chrétiens « de joindre à cette douceur la sévérité de leurs lois, etc. »

Dans cette bulle, rendue en 1737 par Clément XII, les sentimens et les actions les plus contraires aux droits maintenus par l'église gallicane et à la doctrine du royaume étaient préconisés dans le nouveau saint comme des actes héroïques de vertu et comme des qualités qui méritaient incontestablement une place distinguée dans le ciel et des autels sur la terre. Aussi fut-elle l'objet de l'opposition et des récriminations les plus vives de la part des parlemens et de plusieurs savans évêques et curés de Paris, contre les motifs qui reproduisaient toutes les audacieuses prétentions de Grégoire VII; aussi le parlement de Paris, loin de consentir à l'enregistrement, la supprima-t-il avec indignation, par arrêt du 4 janvier 1738. Intervint, il est vrai, une évocation au conseil, et, par suite, une ordonnance du 22, qui autorisa la nouvelle fête. Mais dans l'intervalle, les curés de Paris formèrent une opposition juridique à l'enregistrement de toutes lettres-patentes surprises ou à surprendre à l'avantage de la bulle, et, le 29 juin, le parlement fit des remontrances énergiques contre l'arrêt du conseil.

Ce n'est pas tout encore : indépendamment de ces particularités qui faisaient des reliques de Vincent de Paul une sorte de bannière pour les ultramontains, et de toute solennité relative à sa canonisation une contre-partie arrogamment insultante à la mémoire du parlement et des membres du clergé de Paris, il se mêlait au nom de ce saint d'autres souvenirs bizarrement curieux. La correspondance du baron de Grimm nous apprend qu'en 1760 le marquis d'Argenson vint remettre mystérieusement entre les mains du Roi un paquet cacheté, qui avait été déposé, en 1660, entre les mains d'un membre de sa famille par Vincent de Paul, avec ordre de ne l'ouvrir que cent ans après sa mort. Le bruit courut alors que ce paquet renfermait la déclaration par Vincent de Paul qu'il avait vécu et mourait dans les principes du socinianisme, hérésie qui, comme vous le savez, consiste dans la négation des mystères, et surtout de la divinité de Jésus-Christ. Tout porte à croire que ce bruit était une supposition aussi fausse que peu probable. Cependant le fait qui y donna lieu paraît être fondé, et d'après un petit livre paru en 1814, à Paris, chez Adrien Leclère, *imprimeur du pape* et de l'archevêché, qui explique à son tour le contenu du mystérieux paquet, nous apprenons qu'aux yeux des dévots antagonistes du jansénisme, c'est-à-dire, aux yeux des partisans de la société de Jésus, Vincent de Paul, ardent *moliniste* lui-même, avait prédit la révolution et la restauration, surtout la restauration de l'Eglise de France, *plus florissante que jamais*. Ceux qui placent la gloire de la religion dans l'agrandissement des richesses et de l'influence du clergé, firent grand bruit de la prophétie, grand honneur au prophète, et conçurent dès-lors le projet d'exploiter sa mémoire et de faire concourir le respect des peuples pour son nom à l'accomplissement du vaste plan qui se développe chaque jour sous nos yeux.

De là ces fastueuses annonces d'une pompe plus fastueuse encore, cette recherche mondaine d'un luxe inouï pour solenniser les reliques d'un saint, à la vie et à la canonisation duquel s'attachait le souvenir de doctrines et de prétentions plus que jamais repoussées, et qui étaient, en cette circonstance, comme un symbole des espérances et de l'esprit des ultramontains.

Certes, il est, je le répète, bien loin de ma pensée de me rendre, contre M. l'archevêque de Paris, l'écho d'accusations hostiles et mensongères; mais je dois aux nécessités de la défense de dire que M. de Quélen a peut-être donné prise aux critiques, non-seulement par son engouement, quelquefois peu éclairé, pour les reliques, mais surtout par son zèle et son dévoûment aux intérêts d'un parti qui abuse de son caractère pour le compromettre dans des entreprises qui ne tendent à rien moins qu'à troubler l'État et l'Église même, qu'à attaquer nos institutions et soulever contr'elles des haines invétérées. C'est ainsi qu'il s'est trouvé porté dans la circonstance qui nous occupe, à lever, en quelque sorte, un étendard de révolte contre les principes et les franchises de l'église de France, dont il est cependant un des plus éminens dignitaires; c'est ainsi qu'il a été entraîné dans une voie d'illégalité dont l'éclat n'a pas permis à la *Gazette constitutionnelle des Cultes* de garder le silence, et que nous sommes, à regret, contraints de signaler ici.

En effet, ce n'était pas tout d'avoir excité le blâme des gens sensés en consacrant à l'apôtre de la charité, au pauvre et humble Vincent de Paul, la châsse la plus fastueuse et la plus riche qui jamais ait existé, d'avoir prêté aux sarcasmes des incrédules en substituant un fantôme à la réalité, en donnant pour le corps du saint quelques débris de ses ossemens, déguisés sous un manequin de cire, en sollicitant, par des recommandations réitérées et par la promesse d'innombrables indulgences, les offrandes que tout cet appareil semblait avoir pour but de provoquer. Ce n'était pas tout de ressusciter dans notre siècle, au milieu de notre France pensante et intimement religieuse, cette idolâtrie des reliques, si blâmée par les docteurs de l'Église, comme un reste des superstitions païennes et du culte des demi-dieux, cette idolâtrie qui tend à détourner du Créateur l'hommage qui lui est dû pour le reporter sur les autels impies dressés aux squelettes de ses créatures; il fallait encore que la péripétie de ce drame caractéristique constituât une éclatante violation des lois organiques du culte, et des principes de la liberté religieuse. Ce reproche est grave; permettez-moi de le justifier :

Aux termes de l'art. 45 organique du concordat : « aucune cérémonie religieuse ne doit avoir lieu hors des édifices consacrés au culte catholique, dans les villes où il y aura des temples destinés à d'autres cultes. » Cette disposition, qui fait loi de l'État, n'a jamais été rapportée; elle est donc toujours en vigueur. Vainement prétendrait-on que la Charte l'a virtuellement abolie, en déclarant la religion catholique *religion de l'État*. Ce serait une étrange erreur ou une insigne mauvaise foi, puisque précisément à côté de cette déclaration se trouve l'art. 5, qui porte que chacun professe sa religion avec une égale liberté, et obtient pour son culte la même protection. Or, serait ce accorder à tous les cultes une même liberté et une égale protection que d'interdire aux uns ce que l'on permettrait aux autres; de trouver bon de la part des catholiques ce que l'on trouverait mal et inconvenant de la part des protestans ou des juifs?

Dans un pays où la parfaite égalité des cultes est écrite comme loi, toute manifestation d'une croyance, hors de l'enceinte consacrée à la célébration des rites, doit être sévèrement prohibée; car si la prohibition n'est pas maintenue pour tous, elle doit être, par une conséquence naturelle de la loi, levée pour tous; et alors on peut conclure avec raison de la procession catholique du 25 avril, que les fidèles de la religion de Moïse peuvent en faire une demain, si bon leur semble, et promener par les rues les objets en vénération dans leur synagogue : car, en présence de l'art. 5 de la Charte, pourquoi les uns jouiraient-ils d'une prérogative que les autres n'auraient pas ? Et cependant que d'abus et d'inconvéniens dans la pratique, si chacun des cultes nombreux existans s'avisait de vouloir imiter le catholicisme, et de croiser ses cérémonies et les files de ses processions dans les rues envahies de la capitale! Pour le coup ce serait à n'y plus tenir.

L'art. 45 de la loi de germinal an X est donc éminemment sage et prévoyant, puisqu'il a pour but de prévenir un tel état de choses; les motifs en subsistent toujours, et son observation doit être d'autant plus stricte que l'impartialité de la Charte transformerait en droit commun la moindre dérogation partielle.

C'est contre une dérogation de ce genre, contre une infraction vainement sanctionnée par l'aveu, la coopération et la présence des autorités, contre une illégalité que n'absolvent pas les précédens, que la *Gazette constitutionnelle des Cultes* a élevé la voix. Elle en a signalé le caractère, elle en a proclamé les abusives conséquences; après s'être efforcé de la prévenir, elle a manifesté le regret que lui inspirait une cérémonie qui, loin d'être un objet d'édification, avait été une occasion de trouble, un sujet de scandale et un aliment pour les ennemis de la religion. Elle a protesté avec une foule de personnes, cernées par les replis de la procession et empêchées dans leurs affaires ou leurs communications, contre l'usurpation de la voie publique, contre l'envahissement des quais et des rues pendant plusieurs heures, par les files interminables du cortége, contre l'atteinte portée aux droits des citoyens et à une foule d'intérêts privés. Elle a invoqué l'exécution du décret de l'an X, et appelé sur son infraction la sévérité des magistrats. Elle a tiré de l'oubli coupable où on la laissait dormir, cette loi si juste et si raisonnable qui défend que des hommes, au nom d'un culte que tous ne professent pas, s'emparent des voies publiques qui appartiennent à tous, de quelque croyance qu'ils soient, et non plus particulièrement aux catholiques romains-français.

Que répondre à un citoyen, lorsque, contrarié par une procession de reliques dans ses projets ou ses devoirs, il vous dira avec impatience : « De quel droit me fait-on assister malgré moi à des rites qui répugnent à ma foi ou blessent ma raison ? Que dans son temple le prêtre règle toute chose à sa guise, rien de mieux ! Si j'y entre par un acte de mon libre arbitre, je dois me soumettre à tout ce qui s'y pratique, car un culte est là chez lui. Ailleurs il me gêne et m'opprime s'il n'est pas le mien; et s'il l'est, il gêne et opprime les autres : dans les deux cas c'est un mal. » Et voilà cependant ce que la *Gazette constitutionnelle des Cultes* a dit et répété. Ce que vous seriez forcé de reconnaître vrai dans la bouche d'un citoyen, le condamnerez-vous dans les colonnes d'un journal ?

Mais, dit-on, elle a outragé et tourné en dérision M. l'archevêque de Paris à raison de ses fonctions ? Non, car nous n'admettons pas de fonctions sacerdotales hors du temple, hormis un très petit nombre de cas bien déterminés. Si donc les articles incriminés s'appliquent, non pas à M. l'archevêque de Paris, mais à M. de Quélen hors du temple, comme simple particulier, comme homme privé, il n'y a plus là le délit prévu par la loi de 1822. Ce serait à M. de Quélen seul à se plaindre et à poursuivre, en son nom et directement.

Qu'on voie en effet les articles dont s'agit; l'un représente le prélat dans son intérieur, en conversation avec un de ces traficans de reliques dont l'Italie et la France peut-être ont plus d'un modèle, et certainement dans une circonstance hors de l'exercice de ses fonctions. L'autre le représente présidant à une solennité illégale, en contravention avec la règle de ses devoirs, conséquemment hors de ses fonctions.

J'aborde maintenant, Messieurs, le troisième chef de la prévention, fondé par le ministère public sur ce que la *Gazette constitutionnelle des Cultes* aurait outragé et tourné en dérision la religion de l'Etat. Dans son réquisitoire sur ce point, M. l'avocat du Roi m'a semblé confondre perpétuellement la chose et l'abus. Or, c'est précisément l'abus que la *Gazette constitutionnelle des Cultes* a attaqué, tantôt par l'arme du raisonnement, tantôt par celle du sarcasme; mais jamais il n'est entré dans la pensée du rédacteur de comprendre le fond des croyances dans le blâme jeté sur l'inconvenance accidentelle des formes et des doctrines. Ce fut, dans tous les temps, la tâche des hommes les plus sincèrement religieux, de s'élever contre les déviations des croyances, en doctrine et en pratique. L'Eglise elle-même nous offre l'exemple de ministres du sanctuaire tonnant contre les défigurations et les excès qui tendaient à corrompre ou discréditer les saines traditions. Depuis les Pères de l'Église jusqu'à M. de La Mennais, combien ne trouve-t-on pas, dans les auteurs ecclésiastiques, de censures amères et énergiques des abominations du sanctuaire et des vices de ses ministres! Combien, dans les actes des papes et des conciles, de foudres lancées contre les infamies et les crimes du sacerdoce! Ouvrez nos historiens les plus graves, les plus dominés par l'esprit religieux, Mézeray, Daniel, Velly, etc., et vous serez étonnés de la crudité et de la virulence des tableaux qu'ils tracent des désordres du clergé et de la dégradation de la religion.

A leur exemple et dans le même but, la *Gazette constitutionnelle des Cultes* s'est récriée contre les excès et les abus dont la religion est le prétexte, précisément parce qu'elle comprend et désire la dignité de la religion. Mais par là elle a ameuté contr'elle tous ceux qu'elle démasquait, de même que Molière s'était vu en butte aux persécutions des Tartufes, Boileau aux calomnies des Cottins. Comme eux, c'est aux rancunes des Cottins et des Tartufes de nos jours, que nous devons les tribulations qu'on nous suscite.

Mais, objecte-t-on, pourquoi avez-vous employé l'arme du ridicule en des matières si délicates et si graves? Pourquoi... parce qu'il est des choses qu'il est indigne du raisonnement de discuter, des choses tellement absurdes et bizarres que le ridicule seul en doit faire justice; les choses saintes n'en restent pas moins hors de toute atteinte. Boileau insultait-il à la religion, en raillant avec une verve si mordante les mœurs et les écarts de certains membres du clergé, et le pouvoir s'avisa-t-il jamais de l'inquiéter pour les traits sanglans dont il flétrissait la fausse dévotion? C'est qu'on ne croyait pas alors la religion si faible et si périclitante par elle-même, que l'on dût prendre son fait et cause, chaque fois que les travers et les excès dont le clergé n'est pas plus exempt que les autres classes de la société, tombaient sous la férule ou le fouet satirique du moraliste et du poète. Aujourd'hui que la liberté d'écrire est consacrée par les institutions, de quel droit nous refuserait-on un privilége établi jadis en fait par la raison et la force des choses, à moins qu'on ne prétende, par une confusion volontaire, placer sous la même égide la religion et ses abus? Mais vous ne vous tromperez pas, Messieurs, au but et à la portée de nos paroles. Ce que nous avons dit, ce que nous avons eu raison de dire, nous l'avons dit d'une manière moins énergique encore et moins amère que le royaliste éprouvé, le chrétien sincère, dont le dernier écrit nous sert à-la-fois de justification et de preuves. Lisez la brochure que M. de Montlosier vient de publier sous le titre *du Ministère et de la Chambre des Députés*; lisez surtout ce 7e chapitre où l'auteur montre *Comment et par quels intérêts une révolution peut avoir lieu en France*, et vous reconnaîtrez que c'est faire acte de bon citoyen que de dénoncer des procédés et des doctrines qui compromettent à-la-fois la religion, le trône et les libertés.

Ces principes posés, nous faudra-t-il maintenant discuter pied à pied chaque phrase des sept articles sur lesquels le ministère public fait reposer le chef actuel de prévention? Ne se défendent-ils pas assez désormais eux-mêmes par la révélation de la pensée qui les a dictés? Qu'est il besoin de dire que le 1er de ces articles, *Dialogue entre un archevêque et un marchand de reliques*, fait allusion à un commerce qui a fleuri jadis, et que la reliquomanie de certain prélat tendrait à faire refleurir; qu'il y est question d'objets que j'ai suffisamment démontré n'avoir été compris qu'abusivement dans le culte, et qu'on n'y peut effectivement rattacher qu'en soutenant la subversive doctrine de l'infaillibilité des papes? La même réponse peut s'appliquer au suivant: *Exposition des reliques de St.-Vincent de Paul*, où une seule phrase semble faire grief, bien qu'il suffise de rappeler que ces mots: « Beaucoup de curieux, *peu de dupes*, « si ce n'est quelques bonnes femmes, remplissaient l'église,» se réfèrent non à la religion, mais à des reliques dont on peut contester la sainteté en droit, aussi bien que l'authenticité en fait. Dans un troisième article qui décrit *la Translation solennelle des reliques de Vincent de Paul*, le ministère public n'a pu réellement apercevoir qu'un seul passage qui lui parut contenir un outrage à la religion; mais ici encore, c'est au culte (très facultatif assurément) des reliques qu'il fait allusion; et quand l'écrivain nous peint les confréries de la procession, *chantant des cantiques sur l'air des Folies d'Espagne, qu'on aurait pu écouter comme un air de circonstance*, on ne peut nier qu'il n'y ait quelque vérité dans ce trait malin sur une cérémonie qui rappelait trop les superstitions et les idolâtries de l'ignorante Espagne. Un autre morceau, *sur l'influence acquise par les prêtres au moyen de la confession*, ne peut offrir en apparence quelque prise, que par cette phrase du début : « Je m'entretenais un jour avec un ecclésiastique, honnête homme, estimant peu son métier, méprisant presque ceux qui l'exerçaient; du reste humain, généreux et chéri de tous ceux qui l'entouraient. » Ces mots : *son métier, méprisant presque ceux qui l'exerçaient*, ont paru au ministère public l'outrage le plus caractérisé à la religion. D'où naît cette appréciation ? sinon de ce que M. l'avocat du Roi isole ce passage de celui qui se trouve à l'alinéa suivant : « Il s'est trouvé, parmi les « successeurs des apôtres, *quelques hommes* connaissant leurs « intérêts autant que ceux du Ciel, ne semant que pour « recueillir, *et ceux là, qui se sont intitulés l'Eglise*, n'ont « pas imposé sans motif l'obligation de se confesser. »

C'est donc sous le point de vue seulement des abus par lesquels quelques hommes ont dénaturé le sacerdoce, que le prêtre, dont l'écrivain rapporte les paroles, applique à ses fonctions le terme de *métier;* c'est donc ces quelques hommes qu'il méprise, précisément parce qu'ils ont converti en un *métier* ce ministère qui, dans son essence, n'est ni un métier, ni un état, mais une mission toute sublime. Oh ! qu'ils sont méprisables en effet, ceux qui profanent leur caractère par d'ignobles et mercantiles calculs, qui ne voient dans l'homme qu'un être exploitable, dans chacun des faits de son existence que des élémens du *casuel!*

« Monsieur le mort, laissez-nous faire ;
« On vous en donnera de toutes les façons,
« Il ne s'agit que du salaire.

« . . . .

« Monsieur le mort, j'aurai de vous
« Tant en argent, et tant en cire,
« Et tant en autres menus coûts... »

N'est-ce pas là trop souvent le langage ou la pensée de ces prêtres spéculateurs qui assimilent en quelque sorte une cure à un bureau de recette, n'apprécient leurs fonctions qu'au taux de leur produit, et, mettant l'or au-dessus des dignités les plus éminentes, préféreraient, si on leur donnait l'option, une riche paroisse à un maigre évêché ? La religion n'a donc rien à faire en tout ceci, et c'est à tort qu'on a incriminé sous ce prétexte un article dont tout le reste n'est que la démonstration *historique* de l'influence souvent fâcheuse, acquise effectivement par d'indignes ministres de Dieu, au moyen de la confession.

En effet, n'est-ce pas à l'aide de cette pratique, que les Grégoire VII, les Innocent III, et tant d'autres, se sont élevés au-dessus des puissances du monde; que les évêques de Rome, devenus les dominateurs des empires, se sont arrogé le droit de ravir ou dispenser les couronnes ? Cette institution n'a-t-elle pas été le ressort le plus puissant sur lequel se soit appuyé le fanatisme pour attiser les bûchers de l'inquisition, fomenter l'extermination des Vaudois, exciter les fureurs de la ligue, envenimer les dissensions de la Fronde, dicter enfin la révocation de l'édit de Nantes et les dragonnades ? En lisant dans l'histoire quel prix une compagnie fameuse a toujours mis à diriger la conscience des princes, et quelles désastreuses mesures en ont été la conséquence; en voyant, de nos jours, les hommes qui ont absous les Trestaillon et les Truphemy, aspirer à reconquérir le titre de confesseurs des Rois, n'est-on pas en droit de signaler les dangers d'une influence ainsi acquise ?

Est-ce, par hasard, qu'il ne serait pas permis de prouver les abus de la confession, parce que l'Eglise en a fait un dogme? mais rappelez-vous, Messieurs, que ce dogme n'est pas d'institution divine, qu'il date seulement du quatrième concile de Latran, et qu'un concile à venir peut défaire ce qu'un précédent a fait. Long-temps l'Eglise grecque et S. Chrysostôme lui-même l'ont rejeté, et dans le célèbre décret de Gratien, écrit au onzième siècle, et qui fut si long-temps le code ecclésiastique de l'Europe, on lit ces paroles : « *J'ai dit les raisons et cité les autorités pour et contre la nécessité de la confession. A laquelle de ces deux opinions faut-il se fixer? C'est au lecteur d'en juger : l'une et l'autre ont pour elles des hommes sages et religieux.* »

Voyons si le ministère public a été mieux inspiré dans les deux articles qui me restent à examiner? Je ne le pense pas, si je m'arrête au premier : *Mariage des prêtres; lettre inédite de Paul-Louis Courrier.* Je m'étonne même que l'on ait osé appeler la discussion sur ces lignes que justifient, malheureusement trop, mille exemples et surtout un très récent. La lettre de Courrier, car elle est bien de lui, et il y a empreint tout le cachet de son originalité, cite un prêtre que ses écarts et son immoralité n'empêchent pas de dire ses offices, d'afficher une grande dévotion et d'édifier les bonnes âmes à ses sermons. Eh bien ! l'abbé Frilay ne vit-il pas pour nous apprendre qu'on peut causer la mort d'une première victime, en déshonorer deux autres et se livrer à tout l'égarement des passions, sans cesser de remplir les devoirs extérieurs de la piété, ni d'en imposer aux esprits crédules, à l'aide d'un masque hypocrite ?

L'abbé Dumonteil n'est-il pas, d'un autre côté, la preuve que des hommes d'honneur et de probité peuvent se rencontrer, qui, hors d'état de supporter les chaînes d'un éternel célibat, ont préféré quitter l'état ecclésiastique, qui seul, peut-être, assurait leur avenir, plutôt que de le dégrader par le libertinage et la fourberie ? N'est-il pas vrai que les liens d'une union respectable leur sont refusés par le pouvoir civil, qui ne devrait voir en eux que des citoyens et non des prêtres ? Maintenant dites si, en présence de tels faits, la *Gazette constitutionnelle des Cultes* est coupable d'avoir signalé les conséquences du célibat, et les erreurs de la jurisprudence.

Le dernier article, sous le titre de *Question religieuse, dont la solution est du plus haut intérêt politique*, embrasse sous un point de vue éminent la question la plus grave, en effet, et la plus digne des méditations du publiciste : celle de savoir si, dans le cas où une religion dominante se trouverait par ses dogmes et ses doctrines en opposition avec les lois civiles, la constitution et les libertés d'un pays, il serait compatible avec les devoirs d'un bon citoyen de ménager et honorer « ceux qui, anathêmatisant la respectable mère « de famille, déclarée épouse légitime par le Code civil, lui « disent : Tu n'es qu'une concubine ; à ses enfans : Vous n'êtes « que des bâtards. »

Cette question même, de la position de laquelle le ministère public entend peut-être faire ressortir un outrage, me paraît tellement licite et dans le droit de discussion, que je croirais abuser de vos momens, en m'imposant la tâche superflue de l'établir. Quel que soit le sens que l'on prête à l'adoption qui a été faite du catholicisme par l'État, il appartient à tout homme, ami des lois et de son pays, de signaler les oppositions qu'il découvrirait entre les principes de la loi religieuse et ceux de la loi civile et politique, surtout lorsque ces oppositions naissent du fait d'hommes ambitieux ou fanatiques, lorsque ces principes ne sont pas de l'essence du christianisme, et ont été substitués aux préceptes de tolérance et de soumission aux puissances de la terre, enseignés par son fondateur.

Relisons l'article incriminé : partout des faits, partout du raisonnement, nulle part de sarcasmes ni d'insultes au catholicisme, conséquemment nulle part le délit prévu par la loi; à moins, je le répète, qu'on ne taxe de délit la mise en doute si cette religion, avec les dogmes et les doctrines nouvelles que Rome y a introduits et qui ne la constituent pas, telle enfin que certains hommes, explicitement désignés ici sous le nom de parti-prêtre, l'ont faite et prétendent nous l'imposer, est conciliable avec nos institutions. C'est en vain que vous faites sonner les mots : *religion de l'Etat;* ces mots de la Charte signifient-ils *loi de l'Etat?* Non, sans doute, autrement vous seriez tenus d'obéir à la loi religieuse avant la loi civile; elle professe l'intolérance : vous seriez obligés de fermer les temples et les synagogues; elle déclare le contrat civil attentatoire au sacrement de mariage : vous devriez fermer les registres de l'état civil ou les replacer dans les sacristies; elle déclare nulles et illégitimes les unions contractées au mépris des empêchemens canoniques : il faudrait biffer le titre 5 du Code civil, et soumettre la juridiction du prince au bon plaisir de la cour de Rome. Mais vous reculeriez devant de pareilles conséquences, et cependant telles sont celles qui résultent de votre interprétation de l'article 6. Laissez-nous donc le droit de dire *qu'en ce sens* le catholicisme est incompatible avec nos institutions, et de dénoncer ceux qui, en le dénaturant, en lui prêtant leurs doctrines, tendent à produire cette incompatibilité.

On a vu, dans le cours de cette plaidoirie, par combien de pratiques superstitieuses on cherche à rapetisser la religion, à nourrir l'ignorance et la crédulité du peuple :

« Convient-il, dit l'auteur de l'article, de se coaliser avec « ceux qui font métier de dégrader son intelligence et d'ex- « torquer son argent? En vain on dira que, parmi les gens « qui exploitent ce métier, il en est de vertueux. Oui, il y « a des exemples d'honnêtes pirates, de bons larrons. Eh « bien! ces braves gens sont, en résultat, pires que leurs « camarades les plus forcenés, parce qu'ils rendent le bri- « gandage et la piraterie aimables. Les hommes importent « peu, les principes beaucoup. » Le ministère public s'est élevé avec véhémence contre ce passage. Pourquoi? parce que, dans sa perpétuelle préoccupation, il a voulu voir le clergé dans le parti-prêtre, que l'écrivain accuse et qu'il prend soin au contraire de bien distinguer du clergé. Certes, dans ce parti, qui se compose de laïques, autant au moins que de prêtres, il existe, à côté d'hommes pervers et ayant conscience de leur rôle, des hommes de bonne foi et abusés, qui marchent sans connaître le but, et dont le caractère estimable semble être un piége nouveau tendu à l'opinion publique par ceux qui les font mouvoir. Aussi, est-il vrai de dire que leurs qualités et leurs vertus servent singulièrement le parti auquel ils appartiennent, en faisant douter des mauvaises intentions d'une faction à laquelle se rattachent des hommes personnellement si recommandables. C'est sous ce point de vue que l'écrivain les dépeint comme pires et plus dangereux que leurs associés les plus détestables.

Il n'y a donc là, comme dans ce qui précède, aucune attaque à la religion et au clergé, mais seulement à une ligue politique, formée d'élémens divers.

Le quatrième chef d'excitation à la haine et au mépris contre les prêtres, se réfute par les mêmes moyens et les mêmes termes que le précédent; car ce n'est pas contre la classe du clergé, mais contre une fraction de cette classe, et qui fait exception dans son sein, que la *Gazette constitutionnelle des Cultes* a dirigé ses censures. Quoi qu'on puisse penser sur la nécessité de placer le clergé plus en dehors de la vie civile, de limiter son action à l'enceinte de ses temples, de définir plus complètement dans l'état la distinction des deux pouvoirs, enfin, de ne plus faire du prêtre un fonctionnaire salarié par le gouvernement, mais un pasteur entretenu aux frais de la communauté religieuse, toujours est-il que le clergé doit participer aux garanties accordées par la loi à chacune des classes de la société. Si donc la *Gazette* avait cherché à troubler le paix publique, en excitant les citoyens à la haine et au mépris contre la classe entière des prêtres, la poursuite serait juste et votre sévérité à propos. Mais ce ne fut jamais sa pensée, non plus que ce n'a été celle du vénérable Montlosier dans les pages si expressives que j'ai citées au tribunal. Vous avez vu, par mes observations préliminaires, contre quels hommes et quelles entreprises elle a eu mission de protester. De ce parti qui, sous le manteau de la religion, marche à la ruine de nos libertés, plusieurs sans doute appartiennent au clergé; mais on peut dire qu'ils n'ont de commun avec lui que l'habit et le nom, et qu'ils s'en sont séparés par leurs doctrines et leur conduite. Les attaquer n'est donc pas nécessairement attaquer le clergé, ni encourir la pénalité de la loi; car elle ne prétend réprimer que l'atteinte à une classe de personnes, et non à quelques individus d'une classe; autrement il faudrait renoncer à toute censure individuelle, à toute critique des actes de qui que ce soit, puisqu'il n'est personne qui ne se puisse rattacher à une classe de la société. Si donc le bouclier qui protége chacune de ces classes en masse, devait s'étendre à chacun des particuliers qui les composent, pris isolément; si je ne pouvais me plaindre des procédés d'un propriétaire mon voisin, ou d'un rentier mon débiteur, sans être accusé d'exciter à la haine et au mépris contre les classes de MM. les propriétaires et rentiers; si je ne pouvais dénoncer publiquement les actes d'un fonctionnaire qui me lèse ou m'opprime, sans encourir le reproche de soulever les passions populaires contre la classe des fonctionnaires, vous avouerez, Messieurs, que malgré la chance d'immunité que ce système pourrait m'offrir à mon tour, il ne serait pas sans quelques légers inconvéniens dans la pratique.

Heureusement il n'en doit pas être, et il n'en est pas ainsi. Dans la société chacun répond de ses œuvres, mauvaises ou bonnes. En droit, la solidarité des corps ne s'étend pas jusqu'à protéger les écarts de leurs membres, ni à en être compromise. Le clergé, plus que tout autre, peut-être, a intérêt d'invoquer cette sage logique, et de ne pas prendre pour lui les reproches encourus par quelques-uns des siens. Est-il engagé, je le demande, dans la querelle des Molitor, des Contrafatto, des Mingrat, des Frilay, et en les dénonçant à la haine et au mépris des citoyens, en appelant sur leurs têtes le châtiment dû à leurs attentats, a-t-on prétendu en rendre responsable la classe du sacerdoce, et la comprendre tout entière dans cette haine et ce mépris. Ici encore c'est le ministère public qui offense le clergé, en supposant qu'il puisse être atteint par les reproches dirigés seulement contre ceux qui ont fait divorce de sentimens et de doctrines avec lui. La *Gazette constitutionnelle des Cultes* s'enorgueillit de n'avoir eu jamais la pensée d'une telle solidarité, et d'avoir écrit sans défiance des interprétations: elle a négligé ces protestations affectées, ces distinctions prévoyantes qui décèlent l'intention même contre laquelle on se récrie. Si l'accusation a méconnu sa droiture, vous, Messieurs, ne vous y tromperez pas.

Le seul article sur lequel se fonde la prévention, relativement au chef qui nous occupe, porte le titre de : *Etat religieux du peuple des campagnes.* Vous le lire, c'est presque l'avoir justifié, car il ne vous échappera pas que ce morceau, tout d'observation et d'histoire, est un rapprochement entre ce qui se passe sous nos yeux, et que je vous ai signalé en commençant, et ce qui s'est passé à une autre époque de décadence religieuse. Analysons : « Le temps présent est gros de l'avenir; un vague instinct, une puissance secrète de prévision révèle confusément aux moins éclairés que le moment d'une nouvelle commotion, préparée par la force des choses, arrive invinciblement.

« Dans quelques provinces, voilà que les paysans s'imaginent qu'il n'y aura plus de curés en 1840. D'où naît l'autorité morale de cette singulière opinion? Ne serait-ce point de la conviction que le catholicisme est bien vieux, et que les stimulans employés, depuis quelques années, ont hâté la crise au lieu de la prévenir? Rien de plus commun que d'entendre les gens du peuple répéter, ainsi que les gens qui croient n'être pas du peuple : « Les prêtres en feront tant, que..., etc. » Ici se place une esquisse rapide des actes et des principes de conduite de cette partie du clergé qui compromet la religion : amour du luxe et cupidité; ressentiment des défaites passées, joint au délire de la victoire; soif de vengeances et emploi de tous les moyens pour y parvenir; criminelle maxime, que le but sanctifie la voie; retour à des doctrines désastreuses, condamnées au 17e siècle, et qui peuvent perdre la cause du catholicisme parmi nous. Puis un parallèle de cet état de choses avec celui qui amena la chute du paganisme : efforts désespérés mis en œuvre par les prêtres des idoles pour restaurer l'ancienne croyance; emprunt à des religions étrangères de cérémonies inconnues dans le rituel romain, et non autorisées par les traditions : introduction de pratiques destinées à faire impression sur le vulgaire ; invention des missions par les corybantes, qui y jouaient le rôle d'énergumènes, faisaient trafic de talismans et d'amulettes, et publiaient des prodiges pour rétablir l'autorité de leurs dieux ; excès de fanatisme et de cupidité qui finissent par décrier les cérémonies et le culte même du polythéisme. »

Vous voyez par cette analyse, Messieurs, que cet article est un double tableau de faits historiques et malheureusement trop fondés, de faits qui sont plus forts que les réquisitoires et que tous les réquisitoires du monde ne détruiront pas. Sommes-nous donc coupables pour savoir ces faits, et les avoir écrits, c'est-à-dire, pour savoir la vérité et l'avoir dite ? Non ! c'est le devoir du publiciste de recueillir dans l'histoire des générations passées des enseignemens pour les générations contemporaines, de chercher dans les événemens accomplis l'indice des faits à venir, et de montrer que les mêmes causes, en religion comme en politique, doivent conduire aux mêmes conséquences. Ces vives couleurs dont l'écrivain a chargé sa plume, cette douloureuse amertume dont il a empreint son expression, loin de révéler un ennemi de la religion et du clergé, décèlent, au contraire, une âme affectée du rapport que ses lumières lui font découvrir entre une époque fameuse dans les annales du monde et l'époque actuelle, entre la conduite funeste de quelques hommes d'alors et celle de quelques hommes d'aujourd'hui. Que les désordres et les excès atteignent la même mesure, et le même résultat sera imminent.

O vous, qui accusez ce langage de la prévoyance, déchirez donc l'histoire des révolutions ! Faites que les fautes et les malheurs de l'humanité demeurent ensevelis dans l'oubli, et que la chaîne des traditions reste à jamais brisée !

Alors, comme aux jours du moyen âge, ceux que la science offusque et gêne, pourront, sans contrôle, poursuivre les voies dont la *Gazette constitutionnelle des Cultes* a eu le tort irrémissible de dénoncer le scandale et le danger.

Nous voici, Messieurs, arrivés au terme de cette longue et fatigante discussion. Ces reproches bruyamment accumulés contre nous, ces quatre chefs de prévention groupés avec tant d'artifice, tout s'est évanoui en présence d'un examen loyal et appuyé de faits.

En nous plaçant dans le véritable point de vue de la cause, nous avons montré combien la saine appréciation des articles incriminés se liait intimement à l'appréciation des circonstances au milieu desquelles ils ont été écrits, des sentimens sous l'inspiration desquels ils ont été pensés.

On nous a accusés d'offense à la personne du Monarque, j'ose croire que nous nous sommes complètement disculpés. Vous reste-t-il quelque doute encore sur ce point ? Qu'on le dise, et nous reprendrons une à une toutes les preuves de notre innocence. Nous en donnerons de nouvelles, si le ministère public a bien le courage de persister dans un système dont son impartialité, son indépendance lui font un devoir de se dégager noblement. C'est un besoin pour nos cœurs de le répéter encore : loin d'avoir eu la pensée d'offenser le Monarque, de porter atteinte à la dignité de son trône, nous l'avons toujours invoqué comme un palladium, et c'est adossés à ce trône, placés à son ombre tutélaire, que nous avons institué le combat contre les ennemis et les sujets félons qui prétendent en faire le marche-pied de leur puissance, en même temps que le piédestal de la chaire de saint Pierre.

On nous a accusés d'outrage envers un ministre du culte à

raison de ses fonctions. Nous avons prouvé que l'outrage se réduisait à une critique, peut-être un peu vive, un peu amère, mais toujours fondée, d'actes *qui n'avaient aucun rapport avec les fonctions légales de M. l'archevêque de Paris*, d'actes qui tendaient à compromettre et son caractère et les intérêts de la religion dont il est un des pontifes, d'actes qui, soit dans leur préparation intime, soit dans leur développement extérieur, ou prêtaient au ridicule, ou enfreignaient les lois de l'Etat, d'actes enfin que leur esprit rendait blessans pour les franchises et les libertés du royaume, aussi bien que menaçans pour nos institutions, et qui, loin de constituer M. l'archevêque de Paris dans l'exercice de ses fonctions, le plaçaient au contraire en opposition avec ses devoirs, en contravention flagrante aux lois organiques du culte, règle vivante et obligatoire de l'épiscopat français.

On nous a accusés d'outrages et de dérision envers la religion de l'Etat. La religion a toujours eu droit à nos respects, elle a toujours reçu nos hommages; ce n'est pas la religion, la religion du Christ et de l'Evangile, que nous avons attaquée ou critiquée; ce sont les pratiques superstitieuses, les momeries dégradantes, les jongleries formulées sous mille emblèmes, les idolâtries imitées du paganisme, à l'aide desquelles on altère la vraie religion, par lesquelles on détourne ou on dénature l'encens dû à Dieu seul, ce sont ces choses que la *Gazette constitutionnelle des Cultes* a critiquées, stygmatisées, ridiculisées. Assez d'indifférence règne déjà pour le catholicisme, assez de préventions s'élèvent contre des dogmes que Rome ose proclamer incompatibles avec plusieurs statuts de nos lois civiles, incompatibles avec la liberté des cultes, c'est-à-dire avec un des principes de la raison humaine, sanctionné par nos institutions, pour qu'on ne vienne pas encore travestir cette divine religion sous des vêtemens grotesques, sous des formes rapetissantes, que n'avait pas même connues la barbarie du moyen âge. Et ce ne sont pas seulement des laïques qu'ont émus ces procédés, qu'ont indignés ces manies et ces manœuvres si outrageuses et si dérisoires pour la religion; des ministres de Dieu, oui, Messieurs, des membres du clergé même, des hommes de savoir et de vertu, ont pris la plume pour dénoncer ces abus affligeans, et c'est dans la *Gazette constitutionnelle des Cultes*, dans ce journal que vous accusez d'insulter à la religion, que des pontifes de la religion ont élevé la voix pour la venger de ceux qui l'exploitent et la prostituent. Condamnez donc avec nous ces docteurs de la loi sainte, qui disent qu'elle est indignement violée : condamnez ces voix qui ont porté anathème contre les profanations du sanctuaire! Tous ceux qui m'écoutent savent s'ils ont dit vrai, et nous, nous n'avons fait que répéter leurs paroles!

On nous a accusés enfin d'avoir excité à la haine et au mépris contre le clergé. Ah! ce n'est pas contre le clergé que la *Gazette constitutionnelle des Cultes* a élevé la voix; ce n'est point contre ces dignes et vieux prêtres mûris par le malheur et l'expérience, contre les représentans des vraies doctrines, contre les défenseurs des anciennes franchises; ce n'est point contre ces jeunes serviteurs des autels, qui comprennent leur siècle, son esprit, ses besoins, qui se consacrent au soulagement des pauvres et à l'amélioration des classes inférieures. Le Journal que je défends ici s'est toujours plu, au contraire, à célébrer leurs vertus, leur dévoûment et leur courage; il les a montrés comme l'honneur de la religion et les vivans modèles des devoirs de leur état. Les membres du clergé qu'il a séparés du reste, comme l'ivraie du bon grain, ceux contre lesquels il a signalé son antipathie et ses craintes, ce sont les hommes qui ont déserté l'esprit de religion pour l'esprit d'intrigue, et qui ont fait tout le mal que la France subit dès long-temps; en un mot, ce n'est pas la classe des prêtres, mais le parti-prêtre.

En effet, qui a réimporté parmi nous les doctrines dont le progrès des temps et de la raison publique semblait avoir fait justice? Qui a ressuscité les prétentions combattues à toutes les époques par la magistrature et le clergé français? — Le parti-prêtre.

Qui a cherché à pervertir les saines notions religieuses, et à substituer aux graves pratiques du culte de ridicules momeries, de grotesques parades, de superstitieuses idolâtries, propres à abrutir l'intelligence, abuser la faiblesse, et détourner des devoirs de famille et de cité? — Le parti-prêtre.

Qui, à l'aide de ces grossières amorces, de ce bigotisme fondé sur l'ignorance, au moyen des missions en terre chrétienne, des congrégations, des confréries, des affiliations, des petits séminaires non autorisés, des établissemens illégaux d'éducation, a cherché à organiser, au sein de l'Etat, une milice innombrable prête à se lever au premier signal, indifféremment contre le prince ou contre le pays? — Le parti-prêtre.

Qui, depuis quinze années, fomente les dissensions politiques, entretient la défiance du monarque, s'efforce de le tromper sur l'esprit et sur les sentimens de la nation; qui cherche à miner nos institutions, à les dénigrer dans toutes les cours de l'Europe, à exciter contre nos libertés les terreurs des princes voisins; qui se trahit par sa joie et son attitude, à chaque phase inquiétante pour le pays, à chaque événement alarmant pour l'avenir de la France; qui a prononcé anathème et damnation contre l'auteur de la Charte, qui s'est réjoui de sa mort, a profané ses obsèques et insulté à sa mémoire? — Le parti-prêtre.

Ah ! ce ne sont plus les gentilshommes de l'émigration, les débris de Coblentz, qui peuvent nous effrayer. Ce qui en reste, affaibli par l'âge et les traverses, désintéressé d'ailleurs par une réparation récente, garde à peine assez de forces pour exhaler ses ressentimens et ses préjugés. Comblés d'honneurs et de sinécures, ils n'ont plus qu'une ambition, celle de conserver ce qu'ils possèdent, et de finir leur vie en repos. Chaque jour décimés par la mort, ils semblent se donner la main avec les vieux héros de la liberté pour quitter ensemble la scène du monde, et laisser le champ aux générations du siècle. Cessons donc de les haïr ou de les craindre, car bientôt ils auront passé ! Mais des ennemis qui ne passeront pas, parce que, semblables à l'oiseau de la fable, ils renaissent incessamment d'eux-mêmes, avec les mêmes intérêts, les mêmes passions, le même esprit, ce sont ceux que le courageux Montlosier a dénoncés sous la bannière du parti-prêtre, ceux qu'il nous a fait voir de l'œil, ceux qu'il nous a fait toucher du doigt; depuis quinze siècles ils sont en marche contre la société, tantôt la refoulant, tantôt reculant devant ses progrès. Aujourd'hui le sol retentit de leur pas plus nombreux et plus rapproché, ils ont débordé ou renversé tous les obstacles, ils sont au cœur de la France, au cœur de la société, d'un geste ils peuvent en arrêter les pulsations, y paralyser la vie.

Et nous n'aurions pas le droit d'arrêter leurs bras ! Nous n'aurions pas le droit d'arracher la mèche des mains de l'incendiaire ! Il nous faudrait attendre, muets et désarmés, pour sauver l'édifice, que la flamme dévorante se projetât dans les airs !

Non ! haro sur les artisans de ces trames odieuses ! haine et mépris sur eux, car ils ont déserté leurs rangs, ils ont répudié leur saint caractère, ils ont méconnu leur mission sacrée, ils ont logé en leur cœur, au lieu de l'abnégation, de la clémence et de l'humilité, l'orgueil, la haine et la soif de la domination ! A ces traits, reconnaissez-vous, Messieurs, la masse du clergé, et avons-nous attaqué la masse du clergé, en déclarant la guerre à ceux-là seuls qui portent ces traits gravés au front?

La *Gazette constitutionnelle des Cultes* n'a donc fait que son devoir, elle n'a point encouru les rigueurs de la loi, en rompant un silence désormais coupable, et en appelant aux armes un camp endormi dans la torpeur de l'indifférence religieuse, et dans l'ignorance des dangers politiques d'un tel engourdissement. Si vous pouviez méconnaître ses services, si vous pouviez, contre toute attente, la condamner, du même coup vous frapperiez la sentinelle avancée qui veille à la sûreté commune, et vous donneriez à l'ennemi, contenu par sa présence, le signal qu'il peut s'avancer sans crainte et se précipiter sur sa proie.

J'ai la confiance, Messieurs, que vous ne le voudrez pas.

RÉPLIQUE

DE Me MERMILLIOD

POUR LA

Gazette constitutionnelle des Cultes.

A la dernière audience, j'ai cru remarquer que le ministère public avait attribué à une espèce de dégoût la circonstance qui m'avait fait négliger la lecture de certains articles, dans la crainte de lasser l'attention du tribunal et d'abuser de l'indulgence avec laquelle il avait écouté des développemens si étendus; la fatigue de l'audience et la distraction m'ont fait seules passer légèrement sur quelques parties de l'accusation, que nous croyions d'ailleurs devoir être facilement abandonnées par M. l'avocat du Roi. Malheureusement, notre attente a été trompée; la réplique à notre défense a eu encore plus de véhémence, plus de feu et d'insistance que n'en avait montré le premier réquisitoire. Loin de céder la victoire sur aucun point, M. l'avocat du Roi a repris tous les chefs pour lesquels nous sommes incriminés, et a soutenu de nouveau leur culpabilité. Je crois donc nécessaire d'attaquer de nouveau l'accusation dans son entier, et surtout d'entrer dans une explication détaillée des articles que j'avais passés sous silence.

D'abord, justifions-nous du reproche qui nous a été adressé d'avoir mis en doute l'entière indépendance de rôle du ministère public : il n'a pu prendre un instant pour lui cette critique de certains hommes, couvrant leur hypocrisie du manteau du Roi et de la religion, n'agissant que poussés par des vues d'ambition et d'intérêt. Nous sommes persuadés qu'en poursuivant la *Gazette constitutionnelle des Cultes*, c'est de son propre mouvement qu'a agi M. l'avocat du Roi, que c'est sa conviction qui a dicté la plainte et désigné les passages incriminés ; cette persuasion, je me trouve heureux de l'avoir ; car, je le dis ici en toute sincérité, c'est un besoin pour moi d'estimer mes adversaires. Toutefois, il est probable que les dénonciations journalières de certaines feuilles bigotes ont, les premières, éveillé son attention, et qu'il en a subi l'influence à son insu.

On m'a reproché d'avoir parlé du *parti-prêtre*, sans en donner la définition : quand j'ai prononcé ce mot, j'ai cru que m'arrêter à le définir et à prouver sa réalité, ce serait abuser étrangement de vos instans ; autant vaudrait s'arrêter à prouver l'existence de la lumière !

Comment ose-t-on bien nier sa présence et ses desseins, sa connivence avec une société fameuse, dont les doctrines ont fait tant de progrès, lorsque nous le voyons envahir jusqu'aux avenues du trône, lorsque tous les ordres de l'Etat s'accordent pour signaler son intervention et sa désastreuse influence ? Rappelez-vous, Messieurs, ce *Mémoire* qui, en 1826, émut toute la France, en lui révélant le système religieux et politique qui tend à renverser la religion, la société et le trône ; rappelez-vous cette consultation foudroyante de Me Dupin, de ce défenseur constant de toutes nos libertés, adversaire d'autant moins récusable que la sagesse et la sincérité de ses principes religieux sont bien appréciées, et que, dans cette circonstance ainsi que toujours, on vit se porter le premier sur la brèche, et rallier contre l'ennemi la magistrature et le barreau ; puis décidez si j'ai eu tort d'accuser une faction signalée dans toute la France par des voix éloquentes et par des faits plus éloquens encore.

Pour ruiner aussi un autre reproche de peu d'importance, adressé à l'oubli de certains éclaircissemens promis par nous, à la première audience, sur des faits bien futiles assurément, mais dont on voulait conclure la fausseté de tous les abus signalés par la *Gazette*, mais dont on croyait pouvoir dire : *ab uno disce omnes*, nous commencerons par rétablir la vérité d'une anecdote niée par le ministère public, et dont de nouveaux renseignemens nous prouvent aujourd'hui l'authenticité : vous vous rappelez que l'on vous avait signalé, comme mensonger, un petit article où la *Gazette* disait que les préposés de l'octroi avaient saisi à la barrière le corps d'un chanoine, que l'on avait caché sous des ballots, pour le dérober à la taxe, au péage prélevé par les curés sur les morts qui traversent leurs paroisses, pour aller se faire enterrer dans une autre. Eh bien! une personne, digne de foi, s'est transportée sur les lieux; elle a interrogé des employés, des habitans voisins de la barrière de Fontainebleau, et de son enquête est résulté que le récit en question n'était point faux, que le corps était celui d'un vicaire qu'on transportait, non de Fontainebleau à Paris, comme on l'avait écrit d'abord, mais de Paris à Fontainebleau, et qu'on avait pris soin de dissimuler sous des bottes de paille ou de foin. Malgré ces petites inexactitudes, le fond de l'article n'en est pas moins vrai, et il demeure certain que les parens du défunt ont employé ce moyen, pour échapper à la perception du clergé : fallait-il, pour s'y soustraire, se servir des ruses que les contrebandiers ont inventées contre les droits de la douane? Je ne l'affirme pas; quoi qu'il en soit, on l'a fait, et nous l'avons rapporté avec raison.

On a repoussé ce que j'avais dit des certificats de curés, exigés par l'administration d'une certaine époque, pour obtenir la nomination aux charges et aux places d'administration. Cependant cette preuve de l'influence du clergé n'est que trop incontestable !.... Malgré les nouvelles dénégations du ministère public, je crois pouvoir soutenir ce que j'avance; je ne puis vous en apporter des preuves écrites, des attestations scellées; mais pendant plusieurs années, les journaux retentirent assez souvent des plaintes que faisait naître cette étrange exigence; du reste, j'en appelle au souvenir et à la conviction de tous ceux qui s'occupent des affaires publiques.

Après avoir rétabli ces faits, sur lesquels l'accusation n'aurait pas dû insister plus que nous, je reviens aux différens griefs de la prévention.

Et d'abord, pour en finir avec l'accusation dont nous désirons le plus de nous disculper, je dirai quelques mots de *l'offense à la personne du Roi.* J'ai été étonné, affligé, de voir le ministère public insister avec tant de force dans sa réplique, sur ce prétendu outrage qu'il avait promis de laisser de côté si nous lui présentions quelqu'explication satisfaisante : je m'étais plu à penser, cependant, que la loyauté et la franchise avec lesquelles mon client avait avoué l'idée générale qui a dicté les deux fables incriminées, auraient arrêté toute interprétation défavorable. Il n'en a point été ainsi, et je suis réduit à les justifier de nouveau. Je vous l'ai déjà démontré, Messieurs, le commencement du premier apologue (*Jeu de l'autre hémisphère*), repoussait toute application injurieuse à la personne du Roi, car il fait l'éloge de sa bonté paternelle; mais il représentait l'action du ministère qui, naturellement, cherche toujours à gagner quelque chose sur le parti démocratique : voilà sous quel point de vue, le système représentatif étant assimilé à un jeu de cartes, le pouvoir est censé jouer les libertés publiques, ce qui est bien loin de signifier qu'il s'en joue. Du reste, cet apologue n'offre aucune application odieuse, et la personne du monarque est demeurée en dehors de tout outrage.

S'il restait encore le moindre doute à ce sujet, permettez-moi de vous donner sur les deux fables en question quelques explications qui détruiront la prévention dans l'esprit même du ministère public. Ces fables, que M. l'avocat du Roi trouve entachées d'une coupable actualité, n'ont point été faites pour la circonstance ; leur auteur les a composées avant que la couronne eût passé sur la tête du Roi que l'on nous accuse d'avoir outragé, et l'une d'elles a été imprimée long-temps avant que la *Gazette des Cultes* eût reçu l'existence. Faut-il, pour dissiper jusqu'au dernier soupçon, faut-il vous rappeler que le conseil (si coupable selon M. l'avocat du Roi) *mieux vaut tricher au jeu que renverser les tables*, que ce conseil qui a couru dans le monde comme historique, fut attribué, il y a plusieurs années, à M. de Villèle, et en partie justifié par certaines manœuvres électorales, qui rendent très probables les paroles dont on fait honneur au *conseiller gascon*.

Quant à la seconde fable, le ministère public a dit lui-même ce qu'il y avait de plus fort pour la défendre ; elle parle d'un roi cruel, et ce titre ne saurait s'appliquer à Charles X : notre défense tout entière est dans ces mots, et l'on est en droit de s'étonner d'entendre déclarer l'allusion d'autant plus injurieuse qu'elle est moins applicable ; autant vaudrait dire qu'un portrait est d'autant plus frappant, qu'il est moins ressemblant !

Mais qu'importe? nous aurons beau protester, la preuve

de nos mauvaises intentions est irrésistiblement dans l'addition que nous avons faite du mot *constitutionnelle* au titre primitif de notre feuille : « Par ce nouveau titre, a dit M. l'avocat du Roi, les rédacteurs de la *Gazette des Cultes* ont consacré à la politique tout le contenu de leur journal, et, conséquemment, les apologues qui s'y trouvent insérés. » Messieurs, ce raisonnement est fragile et peu réfléchi, car si l'on doit tirer quelque argument du titre de notre feuille, il ne faut point oublier qu'elle porte aussi celui de *Gazette de l'Enseignement*, et c'est là le véritable titre sous lequel viennent se placer les fables incriminées. Cette idée, les rédacteurs l'ont exprimée dans un avertissement qui précède la première fable insérée en ce journal. Dans le N° des 15 et 16 mars, on lit en effet ce qui suit : *La fable se rattache naturellement à l'enseignement, second titre de cette feuille. La fable n'est-elle pas un enseignement en action ? Le bon La Fontaine a dit : Je me sers d'animaux pour instruire les hommes*, etc.

Ainsi se trouve détruite l'induction que l'on tirait du mot *constitutionnelle*. Non ! les colonnes de la *Gazette des Cultes* ne sont point consacrées à la politique ; mais à une polémique toute religieuse. Plusieurs avis insérés, à différentes reprises, dans le journal que nous défendons, préviennent ses lecteurs que jamais il ne sera question de la politique hors du contact qu'elle peut avoir avec la religion. Si donc le sieur Brissaud a adopté ce nouveau titre, c'est qu'il a jugé nécessaire d'arborer une bannière qui fît connaître dans quelle voie religieuse la *Gazette des Cultes* voulait marcher, et qui ne permît pas de la confondre avec certaines feuilles ultramontaines, telles que *l'Apostolique*, *l'Ami de la Religion*, etc. Du reste, cette allusion qui termine la *Charte du Kamtschatka*, et que l'on nous reproche avec tant d'aigreur, comme si elle concernait le Monarque qui nous gouverne, s'applique à un roi mort depuis long-temps. Cette réponse du lion à ses sujets, qui demandent l'exécution d'une Charte :

« Messieurs, leur répond-il, que rien ne vous émeuve :
« Je vous tiendrai tout ce que j'ai promis;
« Mais aujourd'hui, j'en ai la preuve,
« La nation est encore neuve,
« Et trop de liberté vous aurait compromis ! »

Eh bien ! Messieurs, cette réponse est encore empruntée à un mot historique, qui a couru de par le monde, et qui fut généralement attribué à Sa Majesté *Louis XVIII*...

Ainsi, dans son amour ardent pour la royauté, M. l'avocat du Roi a trouvé un outrage où il ne pouvait en exister aucun ; il s'est donc laissé entraîner au-delà du vrai.

J'avais cité, mais comme fait historique, et sans y chercher un bouclier dont nos intentions et notre position personnelle écartent le besoin, l'exemple du bon La Fontaine, auquel ses fables les plus satiriques ne suscitèrent jamais de procès : pour atténuer la force de cette autorité, le ministère public a soutenu que jamais le fabuliste n'avait eu l'intention de faire allusion à la personne du grand Roi. Qu'il me soit permis de réfuter cette assertion par le témoignage général des contemporains ; en effet, on a toujours attribué l'éloignement de Louis XIV pour La Fontaine, à la hardiesse des critiques contenues dans plusieurs apologues, et surtout dans celui intitulé : *Le Soleil et les Grenouilles*, que chacun appliqua au mariage du Roi. Toute la France comprenait ces applications ; mais, dans ce temps, le gouvernement avait le bon esprit et l'esprit, il faut le dire, de ne pas poursuivre devant les tribunaux des allusions qu'une discussion publique ne fait que propager, et que, dans l'espèce, on pourrait reprocher au ministère public d'avoir créées dans le vide.

Pour terminer sur ce chef et ne laisser aucun doute sur les intentions personnelles du gérant de la *Gazette des Cultes*, je vous ferai connaître quelle a été jusqu'ici la vie politique de M. Brissaud : quoique son vote électoral ait attiré sur lui quelques persécutions de l'administration, cela ne peut diminuer en rien la force du certificat de royalisme, qui lui a été délivré par des hommes dont le témoignage ne saurait être contesté. Voici une pièce qui passera sous les yeux du tribunal; elle constate que la fortune et la vie de M. Brissaud ont plusieurs fois été compromises au service de la royauté, dans les temps les plus difficiles. Ce n'est point pour la cause que cette pièce a été faite : l'un des signataires a cessé de vivre, c'était M. le maréchal de Viomesnil, pair de France; l'autre signataire est M. le lieutenant-général Bordesoulle. Il est vrai que ce titre n'a jusqu'à ce jour été d'aucun avantage à M. Brissaud; le pouvoir ne sait pas toujours reconnaître les services des hommes les plus dévoués; mais l'ingratitude ne saurait faire que le dévoûment n'ait point eu lieu.

Maintenant que ce point me semble entièrement éclairci, je passe au second chef de la prévention, à *l'outrage envers la religion et M. l'archevêque de Paris*. En ce qui concerne la religion, c'est une grave erreur de soutenir qu'on l'outrage en attaquant le culte des reliques; j'ai déjà eu l'honneur de vous donner des preuves nombreuses de la fausseté de ce raisonnement, et du danger des doctrines qu'il tendrait à établir : vous n'avez sans doute point oublié, qu'en admettant le culte des reliques comme un point de dogme, on admet nécessairement *l'infaillibilité du Pape*, puisque la sainteté des reliques résulte de la canonisation du défunt, et que la canonisation dépend elle-même de la bulle du pontife. Les canonisations ne sont nullement des articles de foi, et, de fait, l'Église de France ne s'est jamais soumise aveuglément aux bulles qui créaient de nouveaux Saints; par cela seul, il est permis à tout individu, je ne dirai pas de contredire gravement ce culte, mais de s'en railler et de le tourner en dérision. Si je puis dire avec S. Augustin, en parlant des béatifiés, que ces hommes qu'on glorifie sur la terre, sont peut-être brûlés dans les enfers (*quanti glorificantur in terris, qui cremantur in inferis!*), il faut reconnaître qu'il est impossible d'attacher l'idée d'un dogme obligatoire au culte des reliques, et que les railleries dirigées contre cette espèce de fétichisme ne peuvent être l'objet d'une incrimination. Et que serait-ce, si l'on réfléchissait que chaque jour les fidèles se trouvent exposés à porter leurs respects au pied de fausses reliques, à honorer ce qui n'est point honorable! Dieu seul sait ce qu'il faut croire de la sainteté de tous ces *Saints*, que des hommes faillibles comme nous s'attribuent le droit de placer dans le Ciel par brevet exécutoire. Sous ce point de vue, les articles sur la châsse et la procession de Vincent-de-Paul ne peuvent contenir un outrage à la religion; ce sont de ces choses qui, ne faisant point partie de la foi, sont laissées à la discrétion de chacun.

En ce qui touche M. l'archevêque de Paris : en supposant que nous l'ayons outragé, ce n'est point à l'occasion de ses fonctions, mais comme simple particulier, et dans ce cas, lui seul aurait le droit de nous poursuivre. Au reste, ce que l'on appelle des outrages n'est autre chose que des plaisanteries, qui n'attaquent en rien ni le caractère, ni l'honneur de M. de Quélen, mais qui sont assez justifiées par certains actes de ce prélat. Son zèle pour le culte est, sans doute, plein de foi; son goût pour les cérémonies publiques est, sans doute, sincère et désintéressé; cependant ce zèle, ce goût, sont pour ainsi dire, devenus une passion, quelquefois peu éclairée, que les plaisans ont qualifiée de *reliquomanie.* Avant les reliques de Vincent, il avait transféré processionnellement les reliques de S. Eleuther, S. Denis et S. Rustic, de Sainte Geneviève et de la *Passion ;* Il avait ouvert le vaste trésor d'indulgences, que Rome tient toujours en réserve pour ces occasions, et qui tendent à ramener les superstitions du moyen âge. A la précédente audience, je vous ai donné un échantillon (*le patron du soulier de la Ste.-Vierge*) des amulettes par lesquelles on cherche à dénaturer la foi des catholiques ignorans. Le ministère public, croyant peut-être nous réfuter et renverser notre dernier raisonnement sur le danger de l'abus des indulgences, a répondu qu'elles ne dispensaient point du repentir, mais seulement de la pénitence extérieure : j'approuve tout ce qu'il a dit à ce sujet; c'est la véritable doctrine des fidèles qui possèdent autant d'instruction que M. l'avocat du Roi; mais, malheureusement, peu de catholiques ont des notions aussi saines sur ce sujet. D'ailleurs, les indulgences s'appliquent le plus généralement à la délivrance des âmes du purgatoire; dans ce cas, l'Eglise n'exige pour leur efficacité, ni contrition, ni attrition : elle n'impose que certaines pratiques, et souvent même que de l'argent, comme nous l'apprend LA TAXE DE LA CHANCELLERIE ROMAINE. Pour le prouver, permettez, Messieurs, que je vous lise quelques passages de ce tarif immoral, où l'on trouve taxée, à juste et fixe prix, la remise des crimes les plus odieux :

L'absolution pour celui qui a tué son père, sa mère, son frère, sa femme ou quelque autre parent ou allié, laïque néanmoins, est taxée à huit carlins ; car si le mort était ecclésiastique, l'homicide serait obligé de visiter les saints lieux (page 97).

Le père, la mère ou quelque autre parent, qui aura

étouffé un enfant, paiera pour chaque meurtre quatre tournois, un ducat, huit carlins (p. 140).

Si le mari et la femme tuent ensemble leur enfant, et qu'ils demandent conjointement dispense, ils paieront six tournois et deux ducats (p. 141).

L'absolution d'un inceste s'accorde, en conscience, pour quatre tournois (p. 156).

Après avoir connu cette *Taxe*, dont la cour de Rome a cherché à détruire la publicité, et qui , peut-être, subsiste encore dans l'usage en Italie et en Espagne, ai-je eu tort de stygmatiser ce trafic dégoûtant, qui met dans le commerce l'absolution des crimes passés et futurs, en fournit des réserves aux hommes dépravés, et encourage leur scélératesse en leur permettant de calculer, à un péché véniel près, jusqu'où peut aller leur audace, avant d'avoir épuisé la provision d'indulgences qu'ils croient fermement devoir les garantir des peines éternelles : c'est ainsi que l'on voit au collége, des écoliers, après avoir amassé une certaine quantité de *bons points*, s'abandonner sans retenue à leur légèreté ou à leurs vices, jusqu'à concurrence des *notes* qui les mettent à l'abri du châtiment.

Je ne reviendrai pas sur les motifs si fondés, qui ont porté la *Gazette constitutionnelle des Cultes* à censurer vivement les procédés et cérémonies relatifs à la solennisation des restes de Vincent de Paul. Je n'ajouterai donc rien touchant l'esprit qui a présidé à toute cette entreprise, et l'illégalité de l'acte extérieur qui en a constitué le dénouement. Cependant je dois, sous ce dernier point de vue, répondre à une objection de fait de M. l'avocat du Roi, qui, aux inconvéniens de cette procession, a opposé ceux des cérémonies publiques, célébrées par le gouvernement : cette analogie est sans force, ou plutôt il n'existe aucune analogie entre les deux cas. En premier lieu, les processions sont illégales, tandis que les cérémonies dont il s'agit ne le sont pas ; en outre, si les premières ont un intérêt spécial, si elles sont agréables à quelques citoyens, elles sont indifférentes ou blessantes pour un grand nombre ; les secondes, au contraire, sont nécessairement d'un intérêt général, et ne peuvent blesser la foi d'aucun Français.

Dans l'espèce, et à part la question d'ordre public, j'avais prouvé que la translation, considérée dans son rapport avec les lois religieuses, était une infraction évidente des Canons. En effet, Messieurs, vous savez que es Canons défendent positivement que de pareilles cérémonies soient faites à l'heure ordinaire des offices et sur un long développement de terrain. M. l'archevêque de Paris n'aurait pas dû violer des principes dont vous connaissez toute la sagesse. Mais il y a quelque chose de plus fort à opposer encore à M. de Quélen : la bulle du pape Benoît XIII, qui institue le culte de Vincent de Paul, défend positivement de porter ses reliques en procession ; cette pièce s'exprime ainsi : *Indulgemus ut, in posterum, ejus corpus et reliquiæ venerationi fidelium* (NON TAMEN IN PROCESSIONIBUS CIRCUMFERENDÆ) *exponantur. Nous permettons que son corps et ses reliques soient désormais exposées à la vénération des fidèles, sans néanmoins être portées en procession.*

Il suit de là, Messieurs, ou que M. l'archevêque de Paris n'a pas même lu cette bulle, ou qu'il l'a sciemment et volontairement enfreinte. Et qu'on ne me dise pas qu'il ne s'agit ici que de la bulle de béatification, et que la défense qu'elle contient a été virtuellement abolie par la bulle subséquente de canonisation ! Je n'ignore pas la différence qui existe entre ces deux sortes d'actes, dont l'un restreint le culte du béatifié à une localité déterminée, et dont l'autre l'étend à toute la catholicité. Je concevrais donc l'argument si la bulle dont il s'agit avait restreint le culte de Vincent de Paul, par exemple, à l'enceinte d'une congrégation; mais elle le décrète pour divers lieux, et notamment pour Paris, où des processions extérieures pouvaient avoir lieu sans excéder les limites affectées à l'exercice du culte de ce Saint, si une inhibition spéciale n'y eût mis obstacle. Or, cette inhibition intentionnée n'a point été, que je sache, expressément rétractée par la bulle subséquente de canonisation. Elle est donc toujours en vigueur, et sa violation vient à l'appui des critiques dirigées par la *Gazette constitutionnelle des Cultes* contre l'archevêque de Paris.

Pour justifier le style de ces trop justes censures, nous avions invoqué l'exemple de Despréaux, qui certes ne ménagea point l'Eglise; on nous a répondu que ses allusions n'avaient rien de personnel : mais où trouver une allusion plus personnelle que le Lutrin? Le trésorier, le chantre et les chanoines de la Sainte-Chapelle n'y sont-ils pas bafoués pendant six chants entiers? Et que dire de ces vers contre l'archevêque d'alors :

« Ah! quittons ce Paris, dont l'aspect m'importune,
« Où l'honneur a toujours guerre avec la fortune,
« Où le vice orgueilleux s'érige en souverain,
« Et va la mitre en tête et la crosse à la main! »

Mais dans ce temps on ne prétendait point parer avec un réquisitoire les traits de la satire.

En dernière analyse, les actes censurés étant en dehors de la loi, nous n'avons point attaqué M. l'archevêque à l'occasion de ses fonctions : car ses fonctions ne peuvent être en dehors de la loi; donc en admettant, (ce que je nie), qu'il y ait outrage dans nos critiques, cet outrage retombe sur

M. de Quélen, comme simple particulier et non comme archevêque.

C'est à propos du troisième chef, celui *d'outrage à la religion*, que le ministère public a insinué que les doctrines par moi professées et à la sagesse desquelles il se plaisait à rendre justice, différaient tellement de celles du journal, que je n'avais pu prendre sur moi de lire certains articles, confessant tacitement par là l'impossibilité de les défendre. Ainsi que je l'ai déjà dit, une omission involontaire, bien justifiée par la fatigue d'une longue plaidoirie et la confusion matérielle de tant de numéros incriminés, m'a seule fait passer sur deux d'entr'eux. Je vais donc les prendre d'abord. Le premier article est intitulé : *La Jeune mariée récalcitrante et son Confesseur.* Je dois dire avant tout, que c'est une histoire trop réelle qui y a donné lieu : la scène s'est passée à Bruxelles, dans la cathédrale de Sainte-Gudule; et ainsi se trouve rétabli le nom caché derrière cette initiale que M. l'avocat du Roi accusait de ne s'appliquer à aucune de nos métropoles. Quant à la justification de l'article en lui-même, il faut, pour y arriver, lire un premier dialogue auquel fait suite le dialogue incriminé. Si le ministère public eût fait cette lecture, il eût vu que, loin d'outrager les cérémonies de l'Eglise, l'un des interlocuteurs dit en propres termes : *Toute bénédiction, donnée au nom du Ciel, est respectable ; je ne me refuse nullement, M. le curé, à ce que vous bénissiez mon mariage*, etc.; mais *M. Hector* ne veut pas qu'on le remarie; car, il est bon de le répéter, et c'est ce système que l'article en question a pour but de dévoiler et de combattre : Rome ne reconnaît point le mariage civil comme mariage; par la formule moderne qu'elle a introduite pour la collation de ce sacrement, elle admet de la part des époux, déjà civilement unis, la faculté de rompre leurs nœuds; en un mot, elle les considère jusqu'alors comme libres et non mariés. A cet égard, ses doctrines sont en opposition formelle avec celles du Code, et, pour vous en convaincre, il suffira de faire passer sous vos yeux l'instruction donnée, en 1808, par la Cour pontificale à ses légats, de même que le bref du 5 février de la même année, par lequel elle déclare la liberté des cultes inconciliable avec la religion catholique. Ces deux pièces démontrent que l'article incriminé repose sur des faits et des doctrines qui malheureusement sont incontestables.

Nos parlemens soutinrent toujours avec fermeté l'indépendance et les franchises de la couronne de France. Il faut, disaient ils, que le prince exerce tous ses droits en son royaume. C'est cette maxime que la *Gazette constitutionnelle des Cultes* a invoquée contre les prétentions renaissantes de l'ultramontanisme. Pourriez-vous lui en faire un crime ?

Le second des articles omis, et dont le ministère public n'a incriminé que le dernier paragraphe, est intitulé : *Etrange commerce entre Rome et Naples.* Il a trait à l'échange de reliques et de castrats qui se pratique de l'une à l'autre ville. Je m'étonne que le ministère public ait évité de lire ce qui précède ce paragraphe et l'explique trop bien; puisque ce n'est qu'après avoir rapporté un trait déchirant relatif à l'horrible usage de la castration, que l'écrivain se demande « si, en pensant que des peuples qui prétendent professer la seule *religion* agréable à Dieu, sont capables d'un tel excès de barbarie, on n'est pas forcé d'avouer que le *culte romain* a le privilége de transformer l'homme en un tigre dévot, bipède plus féroce que le tigre à quatre pieds.» Ici, distinction, opposition formelle entre religion et culte; l'une, institution divine et immuable; l'autre, forme et pratique humaine, nécessairement variable. En effet, nous avons la religion romaine sans avoir son culte, fauteur de la castration et en bien des points différent du nôtre, et encore faut-il dire que le titre de religion romaine, donné au catholicisme, est si loin d'être essentiel, que si Rome, par hasard, devenait hétérodoxe, notre religion serait encore la religion catholique et apostolique, tout en cessant d'être romaine. Cette proposition est tellement vraie, que dans les deux symboles de la prière et du Saint-Sacrifice, on lit seulement: *Sanctam Ecclesiam Catholicam.*—*Unam sanctam Ecclesiam Catholicam et Apostolicam*, sans addition du mot *Romanam*.

Ce n'est donc pas notre *religion* qui est attaquée dans cet article, mais le *culte romain* seulement, ce culte qui encourage et paie à grands frais un crime que la religion abhorre, et que nos lois punissent de l'échafaud, ce culte qui peuple ses basiliques et les chapelles de ses papes, d'êtres pour qui l'existence n'est qu'un long supplice. Ah! si vous aviez entendu ces voix qui ne sont ni d'hommes, ni de femmes, et qui font mal, parce qu'elles disent leur affreuse destinée, vous répéteriez avec la *Gazette constitutionnelle des Cultes:* « oui, le *culte romain* a le privilége de convertir l'homme en un tigre dévot et féroce. »

J'ai fini sur ces deux articles, qu'au dire du ministère public, j'avais omis à la dernière audience par dégoût et comme par désertion de la cause : Eh bien! Messieurs, je viens de les lire, de les discuter, et il m'a paru que la défense n'en était ni embarrassante ni difficile, et que plus d'une fois elle avait fait impression sur vos esprits! Faut-il que je relise en entier tous les autres, ou plutôt ne convient-il pas, pour ne point abuser d'une attention soutenue depuis si long-temps, que je me borne à revenir rapidement sur les passages signalés par le ministère public, et à vous rappeler l'esprit et le but de ces divers morceaux?

Ainsi, je répéterai que l'article intitulé : *Influence acquise par les prêtres au moyen de la confession*, tend à prouver que la confession, assez nouvelle, *comme dogme*, dans l'Eglise, puisqu'elle n'est devenue obligatoire que depuis le quatrième concile de Latran, en 1215, a été dès-lors un ressort puissant dans la main des membres ambitieux du clergé, et un moyen dangereux d'influence pour la cour de Rome, instruite, de cette manière, des secrets de tous les cabinets, et s'en servant pour diriger les princes à son gré. Vous vous rappelez quel prix les jésuites attachèrent constamment à être les confesseurs des rois, de leurs ministres, de leurs maîtresses, et comment ils abusèrent de cette qualité pour le malheur de la France. Eh bien! cet article montre comment la même ambition, les mêmes moyens, peuvent peu à peu et indirectement mener dans l'avenir aux mêmes conséquences; comment, jusque-là, ils peuvent, en s'exerçant dans une sphère et dans un but moins éminens, causer des troubles au sein de la famille et de la société.

L'article : *Question religieuse*, dans laquelle l'auteur examine jusqu'à quel point on doit prêter appui à une religion dont les doctrines seraient incompatibles avec les institutions du pays, ne pourrait être coupable qu'autant qu'on nierait le droit de discussion en matière politico-religieuse. Dans ce morceau, écrit avec austérité et élévation, l'écrivain n'a voulu que poser une grave question d'intérêt public, et inviter à la controverse les partisans mêmes de ces doctrines, qui feraient mieux d'en prouver la conciliabilité avec nos lois, la plume à la main, qu'à coups de réquisitoires.

Quant à la lettre de P. L. Courier, *sur le célibat des prêtres*, elle ne fait qu'exprimer une vérité, que dès débats judiciaires ont révélée plus clairement, il y a peu de jours encore. Il me répugne d'avoir de nouveau à faire retentir ici le nom d'un homme sur qui pèse maintenant une terrible condamnation ; mais enfin, comment se sont multipliés les crimes de cet abbé Frilay (puisqu'il faut le nommer). Comment? si ce n'est par l'indulgence coupable de ses supérieurs, qui ont connu ses premiers désordres sans chercher à en prévenir le retour, et qui ont assumé par une telle conduite la responsabilité morale de ses attentats subséquens..... C'est en vain que le ministère public m'interrompt, en s'écriant que l'article outrage la religion, parce qu'il tend à prouver que le célibat conduit les prêtres à l'immoralité. Eh ! sans doute, le célibat a cette conséquence, et il nous a été permis de le dire....... Mais quoi! Vous ne voulez pas même que je prouve, par des faits, la justice des critiques dont on fait un crime à la *Gazette constitutionnelle des Cultes* ! Vous prétendez que ces faits, comme ceux qu'elle a cités, tendent à ruiner un dogme de notre religion ! Ignorez-vous donc que le célibat des prêtres est, non pas un *dogme*, mais un *point de discipline* à peine fixé depuis trois siècles, c'est-à-dire depuis le Concile de Trente? Quant à ses dangers et aux désordres qui en peuvent être le résultat, plus d'une voix éclairée les a signalés, et c'est sur des faits que l'opinion s'est formée, car je ne conçois pas d'opinion raisonnée, sans l'appui des faits. La Cour de Rome a souffert plus d'une fois les protestations qui lui ont été faites sur ce sujet, et moi-même, j'ai eu l'honneur de plaider contre le célibat des prêtres devant une Cour souveraine, sans que les magistrats aient eu la pensée de m'interrompre......

J'arrive maintenant au quatrième et dernier chef de la prévention, celui relatif à l'excitation à la haine et au mépris contre la classe des prêtres, fondé sur un article intitulé : *Etat religieux du peuple des campagnes.*

En lisant cet article, sans préoccupation, on y trouve une pensée grave et triste, qui, rapprochant le temps présent du temps passé, cherche à percer dans l'avenir, et découvre que les excès et les aberrations qui ont perdu la cause du polythéisme, pourront, en se renouvelant, compromettre également celle du catholicisme parmi nous. L'écrivain a jeté les yeux autour de lui; il a vu la religion se retirant peu à peu de la France, et l'indifférence envahissant jusqu'au toit de chaume. C'est en ce moment que M. de Montlosier s'écriait lui-même, avec l'autorité de son âge, de son caractère et de ses services: « *La folie des hommes qui s'appellent royalistes jette pour l'avenir des semences de sédition et de révolte; la folie des prêtres et de leurs adhérens jette de même, pour l'avenir, des semences d'impiété et d'athéisme. C'est un fait dont je suis témoin. Nos campagnes, que j'avais vues si religieuses dans les premiers temps de la restauration, se dépeuplent chaque jour de foi et de fidèles. Sous la révolution, sans prêtres, il y avait de la religion; avec les prêtres tels que nous les avons dressés, il y en a déjà moins; si cela continue, bientôt il n'y en aura plus.* »

M. de Montlosier, certes, n'a pas entendu, par *la folie des prêtres*, celle de tout le clergé français, mais seulement d'un certain nombre d'hommes qui sont dans ses rangs; telle a été aussi la pensée de l'auteur de l'article. S'il n'a pas exprimé, à chaque alinéa, la distinction qui était dans son esprit, elle n'en ressort pas moins de l'ensemble de ses idées, et le simple bon sens ne permet pas de s'y méprendre; car il n'est aucun de nous, qui ne reconnaisse combien d'exceptions existent, et combien il est de dignes prêtres, que personne n'a jamais eu la volonté de confondre dans la haine et le mépris que d'autres ont mérité d'encourir. C'est ainsi que Despréaux expliquait justement sa pensée, lorsqu'accusé d'impiété par Pradon et Desmarets, à raison des deux vers suivans :

« Pour soutenir tes droits que le ciel autorise,
« Abîme tout plutôt, c'est l'esprit de l'Église. »

« Il répondit qu'il entendait ici par le mot Eglise, non « des pasteurs éclairés et vertueux, mais une tourbe de mi-« nistres ignorans et calomniateurs, qui n'étaient pas plus « la véritable Eglise, que le parterre de la foire n'était le « public. »

C'est dans le même sens qu'il faut entendre tout ce qui, dans la *Gazette constitutionnelle des Cultes*, a trait aux désordres et aux doctrines subversives du clergé. Car ce ne sont point, par exemple, ces pauvres curés de campagne, à portion congrue, comme on disait autrefois, que la *Gazette* a pu ranger parmi les membres du sacerdoce accusés de se laisser séduire par l'amour du luxe et de la mollesse, par l'appât des richesses et des honneurs. Ceux contre lesquels elle a élevé la voix, ceux qu'elle a voulu dénoncer et arrêter dans leurs desseins, ce sont ceux qui, du plus bas au plus éminent degré de la hiérarchie sacerdotale, dans la sphère d'action la plus étroite et la plus obscure, comme dans la plus éclatante et la plus vaste, se sont ligués contre notre indépendance et nos vieilles franchises, et, à l'aide des grands mots d'autel et de trône, ne tendent qu'à asservir la royauté et dégrader la religion.

J'ai terminé, Messieurs, et j'ose croire que cette discussion aura changé l'aspect de la cause, et porté dans vos esprits la conviction du mal-fondé de la poursuite. Il me reste cependant une observation générale à vous soumettre :

Le ministère public vous a demandé des châtimens rigoureux, qui, dit-il, pouvaient n'être pas nécessaires autrefois, parce que la religion était puissante et considérée, mais que l'état périclitant de cette même religion rend aujourd'hui indispensables. Il y a, Messieurs, dans ce langage, une grave erreur, une fâcheuse ignorance de l'esprit humain et des nécessités de l'époque. C'est au contraire dans les temps de doute et d'examen, qu'il faut laisser le champ libre aux discussions religieuses, et se bien garder de mettre la force du parti de telle ou telle croyance. Aujourd'hui les convictions sont mortes ou sommeillent; une déplorable indifférence religieuse tend à dominer la société. De ces millions d'hommes que vous classez dans les rangs du catholicisme, combien peu pourraient se dire vraiment catholiques! Combien, au contraire, par leur abstention de toute pratique religieuse, n'appartiennent effectivement à aucun culte! Combien encore, par les défiances et la crainte que leur inspirent les doctrines qu'on substitue au véritable esprit du christianisme, s'élèvent par raison et patriotisme contre une religion ainsi formulée!

Eh bien! ces doutes, cette insouciance, ces préventions, aurait-on espéré de les détruire par l'intervention du glaive des lois? Se serait-on, par hasard, flatté de recatholiciser la France à coups d'arrêts, et à force de condamnations? Ah! qu'on parcoure l'histoire et qu'on voie si le supplice du chevalier de Labarre, et de tant d'autres, a détruit l'incrédulité, a ramené la foi dans les cœurs! Galilée, condamné pour avoir proclamé le mouvement de la terre autour du soleil, répétait dans sa prison : *e pur si muove*. De même, ceux que vous emprisonnerez pour avoir critiqué les abus de la religion et les prétentions criminelles de quelques prêtres indignes de ce titre, n'en répéteront pas moins, et s'il le faut, crieront aux murs et aux verroux de leurs cachots : « Oui, la religion a des abus! Oui, d'indignes prêtres l'exploitent et la profanent! »

Craignez, Messieurs, que la persécution ne fasse contre la religion ce qu'elle fit jadis pour elle; craignez que vos rigueurs ne multiplient le nombre de ses adversaires; craignez, surtout, que l'invocation du bras séculier par le catholicisme, ne soit regardé comme un aveu que ses principes ne sont plus en harmonie avec le progrès des masses et des institutions, et qu'il est en arrière de la civilisation européenne. Certes, il n'en doit pas être ainsi; la religion de l'Évangile, avec sa morale si belle et ses symboles si touchans, contient en elle-même un élément de progression et de durée. Qu'il se développe un jour, et vous verrez tous les esprits se rallier de nouveau à une croyance dont la destinée est de conquérir l'univers, en se formulant avec lui sous une loi commune de progrès et de perfectibilité.

FIN.

www.ingramcontent.com/pod-product-compliance
Ingram Content Group UK Ltd.
Pitfield, Milton Keynes, MK11 3LW, UK
UKHW020325220726
13923UKWH00003B/1366